DIE

MARCEL A. BURGAUER

Geldmacher

WIE IHR VERMÖGENSVERWALTER ERFOLGREICH FÜR SIE ARBEITET

VERLAG FINANZ UND WIRTSCHAFT AG

Die Geldmacher

Herausgeber

Verlag Finanz und Wirtschaft AG
Hallwylstrasse 71, CH-8004 Zürich

Gestaltung und Layout

Priska Gut

Illustrationen

Catherine Loeb, Paris

Druck

Brunner AG, Kriens
Gedruckt in der Schweiz im Juli 1998

ISBN 3-906084-38-8
2. Auflage

Inhalt

Inhalt

Inhalt

Editorial

«Besitz belastet, glauben Sie mir!» Dies sagte mir einst mein Mentor Edmund Stinnes, als wir uns über Anlageaussichten unterhielten. Ich war damals Ende Zwanzig, fasziniert von der Börsenwelt und ganz einfach zu jung, um den tiefen Wahrheitsgehalt dieser Aussage zu erfassen. In der Zwischenzeit bin ich seit 27 Jahren täglich mit dem Wunsch meiner Klienten konfrontiert, deren Besitzstand zu verbessern. Je grösser dieser Besitzstand wird, um so mehr steigt die Belastung des Besitzenden – nicht nur hinsichtlich der Anlageentscheidungen, sondern auch hinsichtlich der Wahl der Berater. Besitz belastet in dem Sinne, dass man gezwungen ist, «etwas» mit seinen materiellen Ressourcen zu tun, sei es eine Liegenschaft zu kaufen, eine unternehmerische Direktinvestition zu tätigen oder ein Wertschriftenportfolio zu unterhalten. Was immer Sie tun – eine Voraussetzung ist notwendig: Sie müssen wissen, was Sie wollen. Das vorliegende Buch beschäftigt sich vornehmlich mit diesen Aspekten der Vermögensverwaltung. Falls Sie also entschieden haben, Vermögen in Wertschriften zu investieren, benötigen Sie Know-how. Das können Sie sich selbst aneignen, sofern Sie Zeit und Lust dazu haben. Oder Sie ziehen einen Spezialisten bei, der diese Arbeit für Sie gegen Entgelt ausführt. In diesem Moment der Entscheidungsfindung beginnt Besitz zu belasten, weil Sie wissen müssen, was Sie wollen und was Sie von Ihrem professionellen Berater erwarten. Das ist hinsichtlich der Vermögensverwaltung gar nicht so einfach. Die Anlagesphäre ist heute riesig, und die Risiken stehen oft in einem schlechten Verhältnis zum wahrscheinlichen Ertrag. Der Auftakt Ihrer Beziehung und die Wahl Ihres Vermögensverwalters sind äusserst wichtig. Wenn ein guter Freund über seinen Anlagespezialisten des Lobes voll ist, heisst das keineswegs, dass dieser auch für Sie als Berater geeignet ist. Warum? Weil Ihre persönlichen Zielsetzungen, Renditeerfordernisse, der Zweck der Anlage, Familienumstände, Altersvorsorge, Ihre Risikobereitschaft in manchen Aspekten von den Voraussetzungen Ihres Freundes abweichen. Bevor Sie einen oder mehrere Anlageberater als potentielle Berater persönlich kennenlernen und unter die Lupe nehmen, ist es unerlässlich, dass Sie sich selbst genauestens Rechenschaft ablegen über Ihr eigenes Profil als Anleger. Nur wenn Sie diese Verantwortung selbst übernehmen, können Sie später eine befriedigende langfristige Beziehung – und wahrscheinlich auch einen befriedigenden Anlageerfolg – erwarten.

Marcel A. Burgauer

Einführung

Oft werden in meinem Beruf Äpfel mit Birnen verglichen. Ich will damit sagen, dass allzu oft unter völlig verschiedenen Voraussetzungen erzielte Leistungen, d. h. Performances, miteinander verglichen werden. Ich habe Klienten erlebt, die Schweissausbrüche erlitten, wenn deren Portfolio auch nur temporär und zu irgendeinem Zeitpunkt im Minus lag, doch gleichzeitig verglichen sie ihr Anlageresultat ständig mit den am stärksten avancierten Fonds oder Aktienmärkten. Natürlich sind die besten Fonds jedes Jahr andere, und natürlich sind die «Starbörsen» des Jahres, an denen sie ihre Portfolios messen, nächstes Jahr in der Performanceversenkung verschwunden. Gleichwohl kommt es immer wieder vor (und das ist das Leid meines Berufes), dass zu Haussezeiten die eigene Performance scheinbar hinter dem «Möglichen» hinterherhinkt.

Im Sommer 1987 (Anmerkung: 11. Oktober 1987 = «crash of '87») konnte, wer noch Barreserven hielt, einem Klienten dieser Kategorie nicht mehr in die Augen schauen, ohne den Vorwurf zu gewärtigen, dass doch jedes Kind realisiere, dass die Börsengewinne virtuell auf der Strasse lägen. Ich erinnere mich sehr klar an eine Klientensituation dieser Zeit. Für eine meiner Kundinnen, deren Depot eine schöne, siebenstellige Zahl ausmachte, befolgte ich im Einklang mit der ursprünglich beschlossenen Anlagerichtlinie eine Politik des realen Kapitalerhalts, war doch der laufende Lebensunterhalt aus dem Anlageeinkommen zu bestreiten. Folglich war es für diese Klientin von wesentlicher Bedeutung, dass im Laufe der Verwaltungsjahre nie Geld verloren wurde. Ich werde später auf die Bedeutung dieses Aspektes zurückkommen. – Bis zum Sommer 1987 hatte ich immer die nicht unbedeutenden Lebenshaltungskosten der Klientin sowie einen recht zufriedenstellenden zusätzlichen Jahresgewinn von 5–7% erwirtschaftet. In Anbetracht des eingegangenen Risikos war das eine respektable Leistung.

Diese Klientin suchte mich im Spätsommer 1987 auf, um mich zu beauftragen, die ursprüngliche Anlagepolitik als hinfällig zu betrachten und sofort auf 100% Aktienanlagen umzupolen. Sie habe von verlässlicher Quelle erfahren, dass die Schweizer Börsenindizes bis Jahresende 1987 um mindestens weitere 15% steigen würden. Die meisten Vermögensberater hätten in dieser Situation frei nach Napoleon gehandelt («wer zahlt, befiehlt»). Ich fand diese Weisung jedoch derart fehl am Platz – vielmehr fehl an der Zeit –, dass ich mich weigerte, die gewünschte Politik in die Tat umzusetzen. Als die Kundin weiter insistierte, machte ich ihr klar, dass ich ihren Anordnungen nur auf schriftliches Verlangen hin folgen würde. – Gesagt, getan. Meine Klientin diktierte umgehend die nötige Weisung, unterschrieb und verliess mich, in Erwartung der nötig gewordenen Anlageumschichtungen. Um Ihnen die Tragweite dieses Börsentimings sichtbar zu machen, führe ich nachstehend einige Börsenindizes

per August 1987 auf. An den Märkten war einiges «passiert»:

In den folgenden Tagen führte ich die Weisung aus, liquidierte sämtliche Obligationen und reinvestierte den Erlös, samt Barreserven, in Blue-Chip-Aktien. Die Aktienkomponente schnellte von 20% auf 100%. Voilà! August 1987. Als Leser dieses Buches sind Sie zweifelsohne über die schauderhafte Börsenentwicklung – ausgelöst in New York am 11. Oktober 1987 – im Bilde. An jenem Tag fiel die New Yorker Börse um 22,61% und am Tag darauf Zürich um 11,28%, Frankfurt um 9,39%, London um 10,84%, Tokio um 2,35%, Hongkong um 11,12% etc. Es begann ein veritables «Blutbad». Überall hiess es «offered only, no bid», was soviel heisst wie «keine Käufer». Genau weiss man bis heute nicht, was diesen Crash ausgelöst hatte. Für den vorliegenden Fall ist das auch unwichtig. Massgebend war, dass die Kurse generell exponentiell gestiegen waren und eine Korrektur nötig geworden war. Leider gestaltete sich diese Korrektur als Crash, und was normalerweise Monate oder ein Jahr hätte in Anspruch nehmen sollen, geschah innerhalb einiger Tage. Die Börsengeschehnisse liessen jedenfalls den Adrenalinspiegel steigen, wobei die Presse wie gewohnt das ihrige dazu betrug, die Hysterie zu steigern.

Meine Klientin meldete sich in wahrlich erregtem Zustand bei mir und wollte bestätigt wissen, dass ich doch wohl erst einen Bruchteil der «besprochenen» Aktienkäufe in die Tat umgesetzt hätte. Vielleicht eine Spur zu nüchtern klärte ich sie auf: Wir seien leider voll dabei. Es sei nun unabsehbar, was in den nächsten Tagen geschehen werde. Und nun das Unglaubliche: Die Kundin wollte die von ihr erzwungene Situation nicht wahrhaben. Sie erklärte mir erbost, dass ich ihr als Profi des Metiers hätte verbieten müssen, die Anlagepolitik in einem mir ungünstig erscheinenden Moment ausschliesslich zugunsten von Aktien zu ändern. Im Klartext: Ich sei schuld am crashenden Depotwert der Klientin. Sie verlor kein Wort darüber, dass ich mich geweigert hatte, die Umschichtungswünsche auszuführen und diesen erst aufgrund der schriftlichen Weisung nachkam. Was war die Folge? Die Kundin sistierte das Verwaltungsmandat und zog kurz darauf ihr Anlagedepot ab. In der Wut über sich selbst hatte sie das Kind (den Anlageberater) mit dem Bade ausgegossen.

Dieses Beispiel soll Ihnen illustrieren, dass es für Ihren Vermögensverwalter eine

Grosszahl von psychologischen Aspekten gibt, welche den langfristigen Erfolg der Anlagen entscheidend beeinflussen können. Der eben beschriebene Fall betraf die oft vorherrschende Angst, «etwas» (sprich: Gewinn) zu verpassen, indem Entscheidungen getroffen werden, die effektiv nur einem gefährlichen Egotrip folgen. Es gibt jedoch noch eine ganze Reihe weiterer psychologischer Aspekte, welche die Klienten-Berater-Beziehung – und damit den Anlageerfolg – beeinflussen. Nach reichlich gesammelter Erfahrung in meinem Beruf erachte ich diese Apekte der ungeschriebenen, nur in psychologischer Hinsicht bestehenden Beziehungen als mindestens so wichtig und ausschlaggebend wie die professionelle Fähigkeit des Vermögensverwalters, zum richtigen Zeitpunkt die richtigen Anlageentscheidungen zu treffen. Das folgende Kapitel ist deshalb meiner Meinung nach für Sie als Investorin oder Investor von kardinaler Bedeutung. Es vermittelt Ihnen vielleicht das Wichtigste überhaupt, was die Beziehung zu Ihrem Finanzvertrauten anbelangt.

Die Rolle der Psychologie

Nehmen Sie sich der folgenden Ausführungen intensiv an. Es wird sich lohnen. Sie werden früher oder später die Entdeckung machen, dass die angesprochenen Problematiken auch auf Ihre bestehenden Beraterbeziehungen Anwendung finden. Vielleicht stellen Sie fest, dass diese in einer Sackgasse stecken, was den Anlass für einen Neuanfang gibt. Sie werden aufgrund der nachfolgenden Seiten nachvollziehen, dass Ihr Vermögensverwalter sehr oft als Mensch und (glücklicherweise) nicht immer als kalt berechnende Maschine handelt. Aber warum als Mensch? Sie wollen doch einen klugen, pragmatisch denkenden Vermögensvermehrer. Die Wahrheit ist, dass die Psychologie in jede Klienten-Berater-Beziehung einzieht. Die Kunst besteht darin, sich als Kundin oder Kunde dem Berater selektiv zu öffnen. Ihr persönlicher Vermögensverwalter vollzieht für Sie im Laufe einer langen Beziehung unzählige Dienstleistungen, die eigentlich nichts mit Ihrem Geld, jedoch sehr viel mit Ihnen als Mensch zu tun haben. Ihr Berater kumuliert deshalb ein Wissen über Sie, das zwar die menschliche Beziehung vertieft, jedoch für die Vermögensverwaltung ein Handicap bilden kann.

Diesem unumstösslichen Faktum können Sie nur ausweichen, indem Sie Ihr Geld in einem Anlagefonds investieren. Es gibt viele solcher Fonds, und manche legen auch sehr erfolgreich an. Ein Manager eines solchen Instrumentes wird Sie jedoch nie als Mensch kennenlernen. Diese Leute sehen ihre Klienten überhaupt nie, ja sie weigern sich sogar, die Anteilseigner je zu treffen. Sie stellen sich (wahrscheinlich zu Recht) auf den Standpunkt, dass sie da sind, um Geld anzulegen und zu vermehren, und eben nicht, um mit Menschen zu plaudern. In New York beschreibt man diese Einstellung mit «I am not here to walk your dog, I am here to make money».

Für diese Kategorie der Fondsmanager fallen psychologische Aspekte in der Entscheidungsfindung weg, ganz im Gegensatz zum privaten Vermögensverwalter! Ein Fondsverwalter hat eine unvergleichlich einfachere Aufgabe zu bewältigen als ein Verwalter privater Vermögen, gerade weil der Faktor «Mensch» völlig entfällt. Ich entsinne mich sehr gut einer Situation im Herbst 1995, als ein amerikanischer institutioneller Anleger die Galionsfigur eines bekannten New Yorker Hedge Fonds anrief, da er mit der Wertentwicklung der Anteile im Jahre 1995 überhaupt nicht zufrieden war. Der Anleger hatte rund 250 Millionen Dollar in diesem Fonds investiert und bat in Anbetracht der unbefriedigenden Verwaltungsleistung um eine persönliche Unterredung mit dem Chef der Verwaltungsfirma, dessen Name ich ungenannt lassen will. Dieser entgegnete, dass man nicht beabsichtige, sich gegenüber irgendwelchen Anlegern je persönlich zu rechtfertigen. Es sei dem Anrufenden freigestellt, die Anlage zur Rückzahlung einzugeben. Man kenne ja die entsprechenden Modalitäten. So springen Fondsmanager selbst mit Anlegern grossen Kalibers um.

Zurück zu unserem Thema der persönlichen Beziehung zwischen Klient und Vermögensverwalter: Es gibt eine Anzahl ganz spezifischer persönlicher Aspekte, welche Ihrem Vermögensverwalter besser nicht bekannt sein sollten und im gegenteiligen Fall der Langfristperformance ganz entschieden schaden.

Vorurteile

Eine gute und erfolgreiche Kunden-Berater-Beziehung ist zuweilen sehr intensiv, vor allem dann, wenn auch gesellschaftliche Berührungspunkte bestehen. So kann – oder vielmehr muss – der Vermögensverwalter im Laufe der Jahre Überzeugungen und Ansichten seines Mandanten zur Kenntnis nehmen, die dem Anlageerfolg abträglich sind. Einer meiner langjährigen britischen Klienten – ein Brigadegeneral im Ruhestand – erwähnte einmal anlässlich einer Zusammenkunft, er würde lieber am Hungertuch nagen, als von Gewinnen zu leben, die auf japanischen Anlagen erzielt wurden. Seine Aktivzeit im Pazifik im Krieg gegen Japan war derart geprägt von Scheusslichkeiten, dass jegliche Assoziation mit dem Wort «Japan» automatisch eine Aversion auslöste – was er mir auch in deutlichen Worten offenlegte. Was macht man da als Vermögensverwalter in einer Dekade wie den achtziger Jahren, während welcher in Tokio mehr Geld zu verdienen war als anderswo in einem ganzen Jahrhundert? Ganz klar: Man respektiert das Vorurteil eines Mandanten. Denn eine verlustbringende Anlage – im vorliegenden Fall in einer japanischen Aktie – wäre ein vorprogrammiertes Desaster in der Beziehung zum Klienten.

Ungeachtet dessen jedoch, dass der Kunde indirekt den Bannstrahl auf die damals grösste Börse der Welt warf, wurde ich am Jahresende als Vermögensverwalter mehr oder weniger am Erfolg des Weltindex gemessen. Es stellt kein Geheimnis dar, dass ich in den achtziger Jahren für meine Kunden sehr massgebend in Japan investierte. Doch als Folge dessen, dass ich klar über die Abneigung dieses britischen Klienten gegenüber Japan im Bilde war, investierte ich für ihn nur sehr selten – und dann nur zögerlich – in Tokio. Die negative Konsequenz hinsichtlich Performance war recht bedeutsam. Das Anlageresultat dieses Klienten blieb jahrelang hinter andern Depots mit gleicher Risiko-Matrix zurück. Der Kunde hatte mir keineswegs ausdrücklich verboten, in Japan zu investieren, doch aufgrund meiner profunden Kenntnisse des Lebenslaufes meines Klienten hielt ich mich ganz automatisch von mir attraktiv erscheinenden Anlagemöglichkeiten zurück – zum Nachteil des Kunden.

Ganz allgemein sind Vorurteile immer gefährlich, unabhängig davon, ob es sich um einen Menschen handelt, den man eben kennengelernt hat, um die scheinbar absonderlichen Sitten eines afrikanischen Volkes oder um die Anlageaussichten in einem Land, das einem völlig unbekannt und vielleicht unheimlich ist. Wie gut erinnere ich mich der (negativ) vorgefassten Meinungen vieler Klienten – wie übrigens auch meiner Berufskollegen – gegenüber Japan in den frühen siebziger Jahren. Japan war damals in den Augen der meisten Europäer ein Land, das eifrig Erfindungsideen der Ausländer klaute und nebenbei billige Transistorradios herstellte. Das war doch kein vertrauenswürdiges Land für Anleger – und überhaupt hatten die Japaner doch auch auf gemeine Weise Pearl Harbour überfallen. Nein, dieses Japan musste ein gefährliches Pflaster darstellen. Manche Klienten, wie auch zuweilen Journalisten, stuften damals Aktieninvestitionen in Japan als unseriös ein. Dass Anlagen in ebendiesem Land bald einmal das performancemässige Optimum darstellten, ist zwischenzeitlich hinlänglich bekannt, und im Laufe der achtziger Jahre wurden gar unzählige Werke über die wundersamen Management-Taktiken dieses eigenartigen Inselstaates veröffentlicht. Plötzlich war das Wirtschaftswunder nicht mehr in Deutschland, sondern im fernen Nippon angesiedelt.

In den vergangenen paar Jahren war wiederum das fast gleiche Phänomen hinsichtlich der ost- und mitteleuropäischen Staaten festzustellen. Die hierzulande festzustellenden Vorurteile über Länder wie Polen, Ungarn, Tschechien etc. machten es auch für gut informierte Anlageprofis, welche die positiven Kräfte der wirtschaftlichen Metamorphose in Osteuropa früh erkannten, fast unmöglich, im Anfangsstadium der Wandlung in Budapest oder Prag Aktienanlagen vorzunehmen. Man riskierte den Verlust des Anlagemandates, falls man die Meinung der Klienten missachtete. Und siehe da, diese Märkte brachten die im wahrsten Sinne des Wortes unglaublichsten Wertsteigerungen zutage: In Russland hatte ich – wie viele andere – den idealen Anlagezeitpunkt im Frühstadium verpasst. 1995 begann ich mich jedoch intensiv für dieses Land zu interessieren, und ich begab mich ein erstes Mal nach Moskau, um den Vorurteilen zu entfliehen und mich an Ort und Stelle eines Besseren belehren zu lassen. Unvoreingenommene Beobachter wissen seit langem über den hervorragenden Bildungsstand einer grossen Schicht der russischen Bevölkerung Bescheid. Der Wissensstand der Mittelschulabsolventen in Mathematik und naturwissenschaftlichen Fächern ist zweifellos bedeutend höher als in Westeuropa. Nebenbei sei auch bemerkt, dass die Russen noch Bücher lesen. Überall wird gelesen. In der U-Bahn, auf der Strasse, im Café. Vom russischen Pro-Kopf-Absatz an Büchern können unsere Verleger nur träumen! Ich war beeindruckt von meinen ersten Begegnungen. Besuche in Grossfirmen überzeugten mich schnell davon, dass der Kapitalismus schon tiefgreifend Fuss gefasst hatte. Ich investierte bald darauf in russischen Aktien. Sie

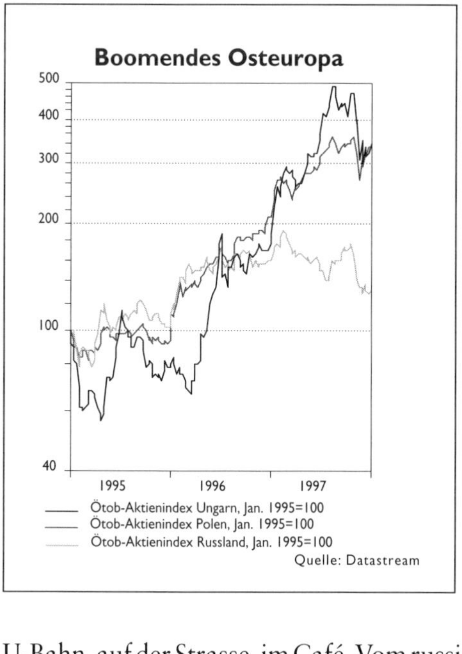

können sich nicht vorstellen, wie viele verängstigte, nein, eher vorwurfsvolle Anrufe ich bald darauf von vielen meiner Klienten erhielt. Es wurde zum Ausdruck gebracht, dass ich nunmehr unvorsichtig (ohne «Vor-Sicht») und in ärgstem Masse spekulativ handle. Man wisse doch, wie es um das Rote Reich stehe. Schlecht. Und schlecht werde es auch bleiben. Ich erwiderte, dass ich sehr gern bereit sei, die fraglichen Käufe umgehend stornieren zu lassen. Die Kurse seien nämlich allesamt rasant gestiegen. Plötzlich verstummten die Stimmen der Kritiker. Materielle Gewinne scheinen Balsam zu sein gegen Vorurteile.

Die Anlagewelt vergrössert sich täglich, und der Anleger muss sich gewaltig vorsehen, dass er nicht laufend Vorurteilen hinsichtlich neuer Investitionsmöglichkeiten erliegt. Wenn ich heute als Vermögensverwalter und Anlageberater in Länder wie die Ukraine reise, werde ich von manchen Leuten als leicht verrückt taxiert. Wenn ich dann nach den Gründen dieser Einstellung frage, stelle ich fest, dass die Kritiker keinen Schimmer haben über den leichtfertig eingestuften Staat. Sie kennen nicht mal den Namen der Hauptstadt. Und doch massen sie sich ein Urteil über die wirtschaftlichen Aussichten einer Nation an, die zwei Flugstunden von uns entfernt ist und hinsichtlich Bevölkerungzahl Deutschland gleichgestellt ist.

Vorurteile sind schnell gefasst, und wenn diese zusätzlich vom vorherrschenden Konsens quasi bestätigt werden, sind sie bald eine Scheinwahrheit. Selbstverständlich sind Anlagen in Ländern wie Russland oder der Ukraine nicht für jedermann geeignet. Die obigen Ausführungen sollen lediglich illustrieren, dass Unwissen über menschliche, kulturelle, politische oder wirtschaftliche Umstände fast immer zu Vorurteilen und Trugschlüssen führt. Im Anlagegeschäft reüssieren langfristig nur jene, die sich immer auf den gesunden Menschenverstand verlassen und sich einen Deut um die Meinung der Mehrheit kümmern. Hüten Sie sich also sehr vor Vorurteilen!

Überlegen Sie sich zweimal, bevor Sie Ihrem Vermögensverwalter Aversionen oder subjektive Träumereien anvertrauen. Ihr Berater ist auch nur ein Mensch, und wenn Sie Ihre Vorurteile laut und deutlich kundtun, bleibt das vielleicht nur en passant Erwähnte haften. Zu Ihrem Nachteil.

Ethische Überzeugungen

Ich begegne mehr und mehr Klienten (vornehmlich aus dem amerikanischen Raum), welche über die Ethik sehr markante Überzeugungen pflegen. Sie argumentieren, es sei für sie als aufgeschlossene Bürger nicht tolerierbar, in Sektoren zu investieren, welche zum Nachteil der Menschheit und deren Lebensqualität Gewinne erwirtschaften. Wenn man diese Vorgaben dann konkretisiert und die Anlagerichtlinien und Anlagelimiten definiert, entsteht eine ellenlange Liste von zur Anlage ausgeschlossenen Sektoren, wie z. B. Atomenergie inkl. Zulieferer (was auch «unschuldige» Namen wie Siemens, Alcatel, ABB etc. ausschliesst), Tabak (wie Philip Morris, obwohl dieser auch ein riesiger Hersteller von Nahrungsmitteln ist), Spirituosenindustrie, Rüstungswesen (schliesst automatisch auch Flugzeughersteller und die besten Elektronik- und Fernmeldesektoren aus), Gambling-Industrie (elimiert gleichzeitig viele Freizeit- und Hotelketten) etc.

Ist die Übersicht über die aus ethischen Gründen ausgeschlossenen Anlagesektoren gewonnen, so realisiert man schnell, dass für solche Depots nur noch eine wirklich sonderbare Verwaltungspolitik angewendet werden kann. Die Einengung des Spielraums trägt nicht eben zur Begeisterung Ihres Beraters bei! Ob Sie als ethisch denkender und handelnder Klient mit dieser Einstellung die Welt verbessern und den fraglichen Sektoren Investitionsmittel zu deren Nachteil vorenthalten, ist zumindest in höchstem Masse fraglich.

Unbestritten ist, dass Sie den sich zum Ziel gesetzten materiellen Fortschritt behindern. Ich erlaube mir im Rahmen meiner Berufstätigkeit als Vermögensverwalter nicht, darüber zu urteilen, welche Namen auf dem Kurszettel gut oder böse sind. Doch Klienten, welche mit mir die Richtlinien der Anlagepolitik nach obigem Muster besprechen möchten, frage ich jeweils vielleicht etwas zynisch: «Sagen Sie mir, wollen Sie eigentlich Missionar(in) sein oder wollen Sie Geld verdienen?» Wenn auch dieser Test absolviert ist und die Klienten auf einem ethischen Investment insistieren, akzeptiere ich das Mandat, jedoch mit wenig Begeisterung, denn eine unbefriedigende langfristige Performance ist hier vorprogrammiert. Seien Sie sich deshalb bewusst, dass die Kapitalanlage nach ethischen Gesichtspunkten ein idealistisches Hobby darstellt und wenig mit fundamentaler Vermögensverwaltung und schon gar nichts mit Geldverdienen zu tun hat. Die Geschäfts- und Börsenwelt hat nichts mit der Sonntagsschule gemeinsam. Ethische Anleger haben nur die Wahl zwischen unterdurchschnittlichem Anlageerfolg oder einer Mandatserteilung wider das Gewissen zum Vorteil des Portemonnaies. Dies ist die bare Wahrheit.

Erfahrungsgemäss agieren junge, idealistisch eingestellte Klienten – meistens durch eine Erbschaft plötzlich zu einem Vermögen gekommen – sehr oft nach diesem Muster. Ist das Studium dann abgeschlossen und die reale Welt entdeckt, finden sie meistens zum konventionellen Denken, d. h. zum überall vorherrschenden Druck zur Leistung – hier zum Performancedruck –, zurück.

Ohne Politik geht's besser

Wenn es nur keine Politik gäbe! Ich gebe Ihnen den eindringlichen Rat, Ihrem Vermögensverwalter Ihre politischen An- und Einsichten oder Ihre Visionen über die Zukunft nie anzuvertrauen. Polemisieren Sie vielleicht ein bisschen, diskutieren Sie belanglose Aspekte über Brüssel und Washington und nehmen Sie zur Kenntnis, was Ihr Gegenüber zu sagen hat. Natürlich liegt dieser auch oft schief in der politischen Zukunftsbeurteilung, doch das wiegt weniger stark als das, was Sie sagen oder effektiv wissen. Weshalb? Die Demokratie hat die Eigenart, dass ab und zu Wahlen anstehen. Oft bringen diese Urnengänge ein Resultat hervor, das von den Finanzmärkten ganz und gar nicht goutiert wird.

Nehmen wir die letzten Kanzlerwahlen in Deutschland. In unseren Kreisen erwartete man, vielmehr hoffte man auf einen Sieg Kohls, was auch schon vor den Wahlen durch die Börsenkurse eskomptiert war. Wäre der Vermögensverwalter jedoch zu jenem Zeitpunkt durch ein Klientengespräch zur Erkenntnis gelangt, dass der Mandant felsenfest von einem Machtverlust der Regierung Kohl überzeugt war, hätte er vor den Wahlen wahrscheinlich Anlageveränderungen im Portfolio vorgenommen. Der deutsche Aktienanteil wäre wohl reduziert, die D-Mark-Bestände abgebaut worden.

Sie bezahlen Ihren Vermögensverwalter nicht dafür, dass er *Ihre* Überzeugungen im Anlagedepot nachvollzieht. Bombardieren Sie ihn also nie mit politischen Überzeugungen, die wahrscheinlich massgeblichen Einfluss auf die Stimmung haben. Auch scheinbar unverfängliche Bemerkungen, wie «Ich bin überzeugt, dass Jelzin seine Herzoperation nicht überlebt» oder ähnliches mehr, können Ihren Berater ungewollt beeinflussen. Als im Herbst 1996 Jelzins Triple-Bypass-Operation bevorstand, war ich eben dabei, für viele meiner Kunden eine Aktienemission in Russland zu zeichnen. Für den Mandanten, der die gesundheitliche Zukunft Jelzins derart schwarz sah, hätte ich die Zeichnung wahrscheinlich zurückgezogen, zumal ich davon ausgehen musste, dass in Moskau ein Börsenschock ausgelöst worden wäre, hätte sich die Prognose des Kunden bewahrheitet – und der Kunde hatte mich ja deutlich genug gewarnt. Äussern Sie sich also nie präzise darüber, wie sie den politischen Verlauf der Zukunft sehen, und hüten Sie sich davor, Hiobsbotschaften anzukündigen. Sie beeinflussen Ihren Vermögensverwalter damit unnötig und lösen eventuell Aktionen aus, die wider die aktuelle Anlagepolitik der Firma verlaufen. Was politische Gespräche mit Ihrem Berater betrifft, gilt eindeutig der Grundsatz «Reden ist Silber, Schweigen ist Gold!».

Das Problem mit dem Ego

Wer steht schon nicht gern als Held da? Niemand. Das heisst, niemand ausser den Frauen, denn Frauen sind hinsichtlich Geld realistisch und vernünftig. Mehr darüber in einem späteren Kapitel. Die männlichen Anleger sind jedoch, mit wenigen Ausnahmen, allesamt auf einem dem langfristigen Erfolg völlig abträglichen und irrationalen Anlage-Egotrip unterwegs. Ich hoffe, dass mir diese Aussage durch meine Leser nicht übelgenommen wird, doch da ich der festen Überzeugung bin, dass dieser Aspekt äusserst wichtig ist und immer totgeschwiegen wird, erachte ich es als unerlässlich, dass ich auf diesen Punkt näher eingehe.

Sie können sich gar nicht vorstellen, wie oft ich in meiner Karriere bislang mit Situationen konfrontiert gewesen bin, welche rein durch das Selbstwertgefühl eines Klienten hinsichtlich intellektueller Anlagepotenz dominiert waren. Als männlicher Leser dieser Zeilen sollten Sie sich diesen Aussagen nicht verschliessen, denn indem Sie diese für Männer sehr kritischen Worte zur Kenntnis nehmen, können Sie sich in Zukunft Geld und Glaubwürdigkeit sparen.

Zur Sache: Wer ist schon gern Verlierer? Keiner. Jeder ist scheinbar ein Gewinner, und jeder will seinen Bekannten weismachen, dass er eben meistens fast alles richtig macht. Ein Golfer, der nach vier Stunden «Arbeit» ins Clubhaus zurückkehrt, erwähnt nie – absolut nie –, wie oft er ins Aus geschlagen hat oder wie oft sein Ball im Laufe dieser grossartigen Runde im Wasser gelandet ist. Falls er jedoch den Ball auch nur einmal optimal getroffen hat, so werden die näheren Umstände dieses Schlages ausführlich geschildert und ausgekostet, die «Unwahrscheinlichkeit» diesen in Anbetracht aller Widrigkeiten erfolgreich auszuführen, betont, bis auch der letzte Zuhörer, von der eigenen Unfähigkeit überzeugt, die Leistung staunend anerkennt. Genau so geht's hinsichtlich Börsengeschäften zu.

Fast jeder hat rein instinktiv, zwei Tage vor einer Übernahme, ein paar Optionen der Aktie X gekauft, die sich dann, man vermerkt es schmunzelnd, verdreifacht hat. Man erzählt bis ins letzte Detail, warum man diese oder jene, höchst erfolgreich verlaufene Aktiendisposition getroffen habe, bis sich der Zuhörer als Penner und Anlagewaisenknabe vorkommt. «Toll!» möchte man sagen, doch weiss man eben, dass einem nur der Schaum des Biers serviert worden ist – und dieser stellt wohl nicht mehr als einen Bruchteil des Durstlöschers dar. So weigern sich die meisten impulsiv und oft auf «Tips» agierenden Anleger, der Realität ins Gesicht zu schauen, und erlaben sich an den gelegentlichen (der Wahrscheinlichkeitsrechnung entsprechenden) Erfolgserlebnissen. Alles andere, nicht optimal Verlaufende, lässt man unerwähnt, man negiert und ignoriert es, obwohl dieser überwiegende Anteil der Anlagen das Gesamtergebnis bestimmt – ein Gesamtergebnis, das trotz der glanzvollen Erfolgstransaktionen nicht eben verbreitungswürdig ist. Dies ist sehr oft die Wahrheit, die hinter den breitgeschlagenen Stammtischgesprächen liegt. Ganz so einfach ist es eben nicht, ein ganzes Anlageportfolio erfolgreich anzulegen. Doch wer lässt sich schon gern über die Enten aus, die mal als Kurzfristspekulation erstanden wurden und die nun – wider Willen – zu einer langfristigen Investition mutiert sind?

Sie lesen diese Zeilen vielleicht ungern, doch vergessen Sie zukünftig die Anlage-Egotrips! Legen Sie sich gegenüber einmal ehrlich Rechenschaft darüber ab, wie es um die Erfolgsrate gefühlsmässiger Impulsanlagen oder der Tips des Nachbarn oder Jasskollegen steht. Sie werden zur Konklusion gelangen, dass man sich (glücklicherweise) nur an die glücklich verlaufenen Transaktionen erinnert, die man immer wieder aufleben lässt, doch den beträchtlichen Bodensatz, der oft jahrelang im Anlagedepot schlummert, vergisst man fast magisch. Da machen es die weiblichen Investoren klüger. Eine Frau lässt sich fast nie auf einen Übernahmetip ein und spekuliert nicht auf eine marode, mutmassliche Turn-around-Situation. Frauen suchen im Anlagegeschäft keine Egotrips. Im Gegenteil: Erfahrungsgemäss berichten Anlegerinnen über die unerfreulich verlaufenen Erfahrungen und machen einem als beruflich agierendem Vermögensverwalter indirekt klar, dass Verluste schwerer wiegen als Gewinnerlebnisse. Wie recht sie haben!

Das Ziel dieses kurzen Kapitels besteht darin, meinen männlichen Lesern klarzumachen, dass es im Anlagegeschäft Selbstbetrug ist, sich für die gelegentlich spektakulär verlaufenden Erfolgserfahrungen auf den Rücken zu klopfen und all den Bekannten, Freunden, Berufskollegen und Nachbarn zu glauben, die anscheinend alle laufend die besten aller Jahresgewinner gekauft haben. Auch Ihre Nachbarn, Bekannten, Freunde und Berufskollegen schwelgen im selben Hochgefühl und erzählen nur von Volltreffern. All die Nieten bleiben unerwähnt. Fazit: Auch Ihre Freunde kochen nur mit Wasser. Männlichkeit ist etwas Hehres, doch im Anlagegeschäft eher hinderlich. Lernen wir hier von der Sachlichkeit, die Frauen ins Anlagedenken einbringen!

Prognosen

Halten Sie sich mit Prognosen zurück! Das hört sich anmassend an. Immerhin steht Ihre eigene Geldanlage zur Debatte, und da wird es doch wohl gestattet sein, dass Sie sich zu Ihren Zukunftsvisionen äussern, dass Sie Ihre Meinung kundtun, dass Sie Ihre Anlagebeurteilung darlegen. Genau das findet anlässlich der meisten Besprechungen zwischen Klient und Vermögensverwalter auch statt. Sie fühlen sich damit im Entscheidungsfindungsprozess involviert, und Ihr Berater ist (meistens) froh darüber, Hinweise zu erhalten, wie seine Mandanten anlagemässig am liebsten gebettet sein möchten. Solche Gespräche sind kontraproduktiv.

Ein im Interesse der Klienten denkender Vermögensverwalter sollte tunlichst vermeiden, dass sich derartige Diskussionen in die Tiefe ergiessen. Wenn Sie mit Ihrem Architekten sprechen, äussern Sie sich auch nicht über die Statik des zu erstellenden Gebäudes, und wenn Sie mit erhöhtem Blutdruck auf dem Kippsessel des Zahnarztes liegen, wählen Sie wohl kaum die zur Behandlung geeigneten Instrumente aus. Ihr mandatsbezogenes Verhältnis zu Ihrem Vermögensverwalter sollte sich vornehmlich auf die im Unterkapitel «Voraussetzungen einer erfolgreichen Beziehung» beschriebenen Aspekte konzentrieren und – so schwer das fallen mag – nicht auf Ansichten und Meinungen zur Anlageaktivität. Eine gute Beziehung zwischen einem Anlageklienten und dessen Vermögensverwalter ist im allgemeinen sehr breit gefächert und bedingt auch die Kenntnisse mancher privater Umstände.

Aufgrund langjähriger Erfahrung weiss ich jedoch eines: Fachsimpeleien, Erörterungen von Tips und generell die Deklaration der Anlagemeinung des Klienten sind einer erfolgreichen Anlage hinderlich und schlagen sich langfristig negativ im Resultat nieder. Ich bin im vorangegangenen Unterkapitel «Vorurteile» schon teilweise auf diesen Punkt eingegangen. Ähnlich verhält es sich mit den Lagebeurteilungen des Börsenklimas seitens des Klienten, welche sehr oft auf eine Beeinflussung des Vermögensverwalters hinauslaufen und in Kompromissen enden.

Wenn sich ein Klient in eifrigster und überzeugender Weise über eine Autoaktie, beispielsweise VW, äussert und von gewaltigem Kurspotential schwärmt, wird sein Berater möglicherweise unter Zugzwang geraten. Ignoriert er die Einflüstereien und wird die VW-Aktie zum Renner, dann wird die Beziehung getrübt. Kauft er dem Klienten zuliebe und die Aktie ist ein Flop, so gewärtigt er keinen Vorwurf, denn der Auftraggeber wird zwar etwas betupft sein, doch den Verwalter kaum für die Misere verantwortlich machen. Seien Sie deshalb vorsichtig hinsichtlich dessen, was Sie Ihrem Profi bezüglich der eigenen Anlagevorstellungen mitteilen. Wenn diese ausgeprägt und für Sie überzeugend sind, sollten Sie solche Ideen selbständig in einem durch Sie verwalteten Depot zur Ausführung bringen. Sie müssen jedoch vermeiden, einerseits einen professionellen Vermögensverwalter gegen Bezahlung beizuziehen und gleichzeitig Ihre eigenen Erfolgsrezepte in dieses Mandat einzubringen. Nach nicht allzu langer Zeit wird Ihr Anlagedepot nämlich ein Sammelsurium von Spezialsituationen sein, dessen Ursprung überall und nirgends liegt und dessen Erfolg oder Misserfolg sich völlig von einer professionellen Verwaltung gelöst hat.

Viele Vermögensverwalter sind heilfroh, wenn Klienten eigene Anlageideen einbringen. Geht's gut, spricht man Ende Jahr nicht vom Ursprung des guten Resultates. Geht's schlecht, dann können Sie Gift darauf nehmen, dass die eine oder andere Bemerkung fällt, das Ergebnis sei eigentlich nicht schlecht, doch habe die eine oder andere Anlageposition, welche nicht im Rahmen der Anlagepolitik ins Depot geraten sei, den Erfolg etwas beeinträchtigt. Und was entgegnen Sie darauf als Klient? Wahrscheinlich nicht viel, doch die Gebühr bezahlen Sie trotzdem auf das ganze Wertschriftendepot. Ich habe zwar auch schon Klienten erlebt, die sich nicht mehr so gern an die eigenen Anlageenten erinnern wollten und sich Ende Jahr auf den Standpunkt stellten, dass ich ja freie Hand in allen Anlagen gehabt hätte... Sie wissen, was ich meine. Langer Rede kurzer Sinn: Wenn Sie ein Vermögensverwaltungsmandat zugunsten eines Beraters unterhalten, dem Sie wirklich vertrauen, dann beschränken Sie sich unbedingt auf die gemeinsame Formulierung der Anlagerichtlinien und die Überwachung, dass diese laufend eingehalten werden.

Vermeiden Sie, die Verantwortung des Anlagemandates durch konkrete Einbringung eigener Überlegungen zu teilen. Wenn Sie solche gleichwohl zur Ausführung bringen wollen, dann eröffnen Sie ein separates Konto und führen Sie die Anlagen in eigener Regie (ohne Vermögensverwaltungshonorar!) aus. So wissen Sie, wem Lob oder Kritik gebührt, und die oft gutgemeinte, aber in der Regel kontraproduktiv wirkende Beeinflussung Ihres Beraters wird vermieden.

Was heisst «erfolgreich anlegen»?

Was ist schön? Was ist gross? Was ist erfolgreich? – «Kommt drauf an», werden Sie entgegnen. Ganz richtig. «Schön» oder «gross» oder «erfolgreich» sind relative Begriffe. Das schönste Dior-Kleid mag vielen Leuten ziemlich grässlich erscheinen, das grösste Zürcher Gebäude mag für einen New Yorker Architekten ein Gebilde aus dem Reich der Schlümpfe sein, und eine scheinbar erfolgreich verlaufene Jahresperformance von Herrn und Frau Schweizer erscheint dem chinesischen Geschäftsmann Moo Nee als null und nichtig. Ein Erfolg muss an einem Massstab, einer Vorgabe, gemessen werden können. Leider ist es eine Tatsache, dass diese Kriterien, diese Messlatten des Erfolges, im Privatkundenbereich zum Zeitpunkt der Etablierung der Beziehung, praktisch nie erstellt werden. Früher oder später wird das zu Missverständnissen, Unzufriedenheit des Klienten (in Haussezeiten), falscher Erwartungshaltung und ganz einfach zu einer völlig falschen Anlagepolitik führen.

Um es dem Vermögensverwalter zu ermöglichen, erfolgreich anzulegen, muss der Klient vorerst eigene Hausaufgaben leisten, indem er das eigene Risikoprofil erstellt. Doch genau hier liegt das Problem, denn erfahrungsgemäss sind die wenigsten Menschen, die einen Vermögensberater aufsuchen, in der Lage, das eigene Risikoprofil zu definieren. Man möchte einfach Geld verdienen, punktum.

Es ist durchaus begreiflich, dass es äusserst schwierig ist, das eigene Risikoprofil zu definieren, denn jeder hofft auf «optimalen Erfolg», man möchte quasi den «Fünfer und das Brötchen» zugleich. Im Innersten wissen wir jedoch, dass es dies nicht gibt. Entweder den Fünfer – oder das Brötchen. Nicht beides. Da es für den Privatklienten nahezu unmöglich ist, das eigene Risikoprofil zu bestimmen, muss ihm der Berater behilflich sein. Leider unterlässt er dies meistens, da er nicht als Angstmacher, sondern als potentieller Wunderknabe dastehen will – und Wunderknaben sprechen nicht von Risiken! Wir leben jedoch in einer Welt, die auch in der Anlagesphäre voller Gefahren ist, und um in Zukunft eruieren zu können, ob auch «erfolgreich» angelegt worden ist, müssen einige grundsätzliche Spielregeln etabliert werden. Diese dienen dann im Laufe der Zusammenarbeit als Messlatte des Erfolges. Wenn diese Grundthesen eingehalten werden, ist es am Jahresende relativ einfach festzustellen, ob erfolgreich oder enttäuschend gearbeitet wurde. Nachfolgend stelle ich die wichtigsten dieser Spielregeln auf. De facto können Sie Ihr Risikoprofil als Anleger danach definieren.

Der Erhalt des Kapitals

Das tönt wie ein Witz. Jedes Kind kann das Kapital erhalten, indem es das Geld ganz einfach unter die Matratze schiebt. Stimmt. Doch warum stelle ich dieses Kriterium vornan? Als Anleger in Wertschriften werden Sie zum Unternehmer. Sie sind am Erfolg oder Misserfolg gewisser Gesellschaften beteiligt, und Sie unterwerfen sich auch makroökonomischen Einflüssen. In guten wie in schlechten Zeiten. Das heisst, dass Ihre Beteiligungen wertmässigen Schwankungen unterliegen. Es ist durchaus nicht logisch, immer von der Voraussetzung auszugehen, dass sich derartige Beteiligungen wertmässig nur positiv verändern werden. Für viele Anleger ist es jedoch untolerierbar, dass sich der Kapitalwert im Laufe eines Jahres (oder auch im Laufe kürzerer Intervalle) vermindert. Das tönt ganz banal, denn Sie werden wahrscheinlich einwenden, es sei doch ganz natürlich, dass Finanzanlagen Schwankungen unterworfen seien. Theoretisch schon – aber in der Praxis sieht die Sache oft anders aus.

Zu Beginn einer Vermögensberatungsbeziehung müssen Sie sich aufrichtig die Frage stellen, ob es für Sie finanziell (bezüglich Ihrer laufenden Verpflichtungen) und auch psychologisch zumutbar ist, dass Ihr Vermögen im Laufe eines Jahres (oder eines beliebigen andern Zeitabschnittes) kapitalwertmässig sinkt. Wenn Sie in der Lage sind, diese Frage Ihrem Berater gegenüber ehrlich mit Ja oder Nein zu beantworten, haben Sie den wichtigsten Grundstein zu einer befriedigenden langfristigen Beziehung gelegt. Das «erfolgreiche Anlegen» wird sich immer auf die Vorgabe beziehen, dass der Kapitalerhalt nicht nur erste Priorität zu geniessen hat, sondern auch die Voraussetzung für die gesamte Anlagetätigkeit darstellt.

Wenn ich rückblickend meine Tätigkeit und Erfahrung über die vergangenen 27 Jahre zu beurteilen versuche, komme ich zum Ergebnis, dass sich in guten, das heisst Zeiten der Börsen-Haussen, fast niemand in diesem Sinne einstuft. Kommen jedoch Jahre mit Rückschlägen (1994 als Beispiel), ist es für sehr viele Anleger selbstverständlich, dass der Kapitalerhalt Priorität hat und ein negatives Jahresergebnis – ungeachtet der guten langfristigen Resultate der Vergangenheit – unakzeptabel ist. Ich erinnere mich einer Klientenbeziehung, die aufgrund eines negativen Jahresergebnisses im Jahre 1994 zu Ende ging, nachdem ich zuvor über 22 Jahre eine kumulative Jahresperformance in Schweizer Franken von 12,3% erwirtschaftet hatte. Da ging mir wirklich das grosse Licht darüber auf, dass der Kapitalerhalt selbst für scheinbar unternehmerisch denkende Klienten wichtiger ist als alles andere.

Geben Sie sich also gut Rechenschaft ab über diesen Aspekt. Der Erhalt des Kapitalwertes ist das wichtigste Kriterium in der Vermögensverwaltung überhaupt, denn eine gute Anlagepolitik muss geleitet sein von der Devise: *Das wichtigste ist, kein Geld zu verlieren. Geld zu verdienen kommt erst an zweiter Stelle.* Wie manche andere Weisheit scheint auch dieser Grundsatz logisch und banal zu sein, doch gleichwohl wird er selten befolgt. Jeder Anleger will, auch zu unsinnigen Zeiten, sofort und laufend Gewinne erzielen, ohne sich vorerst Rechenschaft darüber abzulegen, ob dies der Vernunft entspreche.

Man kann Verluste nicht immer vermeiden, doch man kann sie in Grenzen halten. Es ist eindeutig erwiesen, dass Anleger mit recht durchschnittlichen Anlageerfolgen, jedoch ohne Verlustjahre, langfristig unter den Besten sind, denn man verschwendet nie Zeit (oft sind es Jahre!), um eine Verlustperiode wieder wettzumachen. Nehmen Sie erneut 1994 als Beispiel: Mancher Investor, der 1993 grossartig verdient hatte, sagen wir mal 40%, wurde im Jahr darauf arg zur Kasse gebeten und verlor vielleicht 30%. Wie oft hörte ich zu Beginn des Jahres 1995 folgende Bemerkungen von Anlegern: «Ja, 1994 war nicht so gut wie das Jahr zuvor. Ich habe 30% verloren, doch das ist ja nicht so schlimm. Im Vorjahr gewann ich satte 40%, und so bleiben immer noch 10% Gewinn» (Anleger A). Schauen wir uns mal an, ob diese Milchbuchrechnung stimmt und wie sich das Ganze mit einem Investor vergleicht, dessen Anlagedevise strikte auf Kapitalerhalt lautet (Anleger B). Nehmen wir an, beide Anleger hätten zu Beginn des Jahres 1993 100 000 Franken investiert:

	Anleger A **Startkapital**	**Ergebnis**	**Schlusskapital**	**Anleger B** **Startkapital**	**Ergebnis**	**Schlusskapital**
1993	100 000	+ 40%	140 000	100 000	+ 5%	105 000
1994	140 000	– 30%	98 000	105 000	+ 5%	110 300

Nun, die vermeintlichen 10% Gewinn des ersten Anlegers haben sich effektiv in einen Verlust von 2% gewandelt, und der «langweilige» Anleger hat in diesen zwei Jahren 10,3% erwirtschaftet. Das Beispiel ist noch viel aussagekräftiger, wenn man annimmt, dass Anleger A seine Tätigkeit erst Anfang 1994 aufnahm und das Anlagejahr 1995 mit einem Wertstand von 70% in Angriff nahm. Es hätte beileibe nicht genügt, 30% zu verdienen, um wieder auf Einstand zu kommen. Die Performance 1995 hätte vielmehr +43% ausmachen müssen, um das Anfangskapital zu erreichen, und sage und schreibe +50%, um den langweiligen «Anleger» B bis Jahresende 1994 wieder einzuholen! *Verlustjahre sind katastrophal* und haben unweigerlich zur Folge, dass der «Wiedergutmachung» hinterhergerannt werden muss, während der Kapitalerhalt-Anleger ruhig seine vielleicht bescheidenen Erfolge einkassiert (und immer gut geschlafen hat).

«Erfolgreich anlegen» heisst somit primär, keine Verlustjahre zu erleben. Die erste Zielsetzung lautet, nie Geld zu verlieren. Wertvermehrung zu erzielen hat sekundäre Bedeutung. Diese Aussage mag eigenartig erscheinen, doch es kann nicht oft genug auf die Wichtigkeit dieser Binsenwahrheit hingewiesen werden. Ich habe schon un-

zählige Artikel gelesen über Fondsmanager, die (scheinbar) neue, oft charttechnisch orientierte Anlagemodelle entwickelt hatten und phänomenale Performanceausweise vorlegen konnten. Oft werden Jahresergebnisse von +60% oder gar mehr belegt. Wenn man sich jedoch derartige Meisterstücke der Anlagekunst näher ansieht, so wird man praktisch immer ernüchtert. Es ist nämlich ein leichtes, die Leistungsausweise Tausender von Fonds zu verfolgen, zumal sich diverse Firmen ausschliesslich darauf spezialisieren, die Tätigkeit von Fondsverwaltern zu verfolgen und zu analysieren. Fast in jedem Fall (die Quantum-Gruppe war bislang eine der wenigen Ausnahmen) stellt sich heraus, dass jährliche Fonds-Wertavancen von +50% oder mehr «Eintagsfliegen» sind und sich im Laufe der Folgejahre Negativresultate in ähnlicher Grössenordnung einstellen, worauf die besagten «Wunder-Fondsmanager» in der Versenkung verschwinden.

Bedenken Sie, dass aufgrund der riesigen Anzahl von Vermögens- und Fondsverwaltern, welche weltweit tätig sind, jedes Jahr ein paar ausserordentlich gute Anlageresultate auftauchen müssen; es ist dies ganz einfach das Resultat der Wahrscheinlichkeitsrechnung. Mit ganz wenigen Ausnahmen erscheinen jedoch jedes Jahr neue Namen im ersten Dutzend der erfolgreichsten Fondsmanager.

Wer in einem Jahr erfolgreich war, versinkt meistens im nächsten in der Durchschnittlichkeit. Ein einziges Jahr mit einer sehr eindrücklichen Performance sagt überhaupt nichts über die Qualität des Fondsmanagers aus. Um zu bewerten, ob Ihr Vermögensverwalter für Sie erfolgreich operiert hat, müssen Sie mindestens eine Periode von fünf Jahren beurteilen. Dies kann jedoch durchaus Gefahren in sich bergen. Dann nämlich, wenn Ihr Berater gleich mit einem Negativjahr in Ihre Beziehung einsteigt, was durchaus im Bereich des Möglichen liegt. Haben Sie jedoch Ihre eigenen Hausaufgaben hinsichtlich der Auswahl Ihres Vermögensverwalters sorgfältig verrichtet und einen erfahrenen, professionell handelnden Fachmann auserkoren, der sich völlig mit der für Sie befolgten Politik identifiziert, dann werden Sie im Falle eines Negativstarts nicht an Ihrer Betreuung zweifeln. Nach Beurteilung der ersten Fünfjahresperformance werden Sie zur beruhigenden Konklusion kommen, dass Sie am richtigen Ort sind.

Der innere Frieden

Dies ist etwas vom Wichtigsten! Im englischen Sprachraum nennt man dies «Peace of mind». Innerer Frieden bedeutet zwar nicht genau das Identische, doch drückt dieser Begriff gleichwohl in adäquater Weise aus, worauf ich anspiele. Als Klient und Anleger müssen Sie diesen inneren Frieden immer erleben. Wenn dies nicht der Fall ist, dürfen Sie das als ein untrügliches Zeichen dafür werten, dass das Vertrauensverhältnis zu Ihrem Vermögensverwalter gestört ist.

Werden Sie ständig von Gedanken verfolgt wie «Wenn das nur gutgeht mit diesen Aktien in Osteuropa, die mir mein Vermögensverwalter gekauft hat» oder ähnlichen inneren Gefühlen der Unruhe, dann stimmt etwas nicht mit Ihrer Beziehung zu Ihrem Berater. Das Fehlen des inneren Friedens kann auf diverse Ursachen zurückgeführt werden. Vielleicht verfolgt Ihr Vermögensverwalter ganz einfach nicht die Politik, die grundsätzlich vereinbart wurde. Vielleicht agiert er zu aggressiv. Vielleicht extrapolieren Sie vergangene, unschön verlaufene Erfahrungen in die neue Beziehung, indem Sie alles Neue, alles Ihnen Unbekannte hinsichtlich Finanzanlagen als gefährlich einstufen. Falls Sie sich ehrlicherweise eingestehen, dass dies der Fall ist, müssen Sie Ihren Vermögensverwalter schleunigst um ein Gespräch bitten und mit ihm offen über Ihre Angst vor Ihnen unbekannten Anlagetaktiken, Instrumenten, Absicherungsmethoden reden. Ihr Vertrauter wird für alles plausible Erklärungen präsentieren. Wenn nicht, finden Sie den nötigen inneren Frieden als Klient nicht. Dann sind Sie am falschen Ort.

Das gilt für Ihren Vermögensverwalter genauso wie für Ihren Anwalt, Architekten oder Steuerberater. Zu einem Berufsspezialisten müssen Sie Vertrauen haben. Plagt Sie auch nur eine Spur von Zweifel, dann sind Sie gut beraten, das Mandat zu kündigen. Und zwar sofort. Denken Sie also immer wieder daran, dass «Peace of mind» für Sie als Anleger von elementarer Bedeutung ist. Dieses Gefühl, wohlaufgehoben zu sein, ist im allgemeinen ein unfehlbares Zeichen dafür, am richtigen Ort der Beratung oder Betreuung zu sein. Fehlt der innere Frieden, dann müssen Sie handeln – sei es, indem ein Missverständnis aus dem Weg geräumt wird, oder sei es, indem Sie Ihr Mandat kündigen.

Erfolgreich anlegen = Index schlagen?

Lesen Sie das nachfolgende Kapitel sehr aufmerksam! Es soll Ihnen die Augen dahingehend öffnen, dass der Kult des Vergleichs Ihrer Anlageresultate mit irgendwelchen Indizes ein ausgekochter Unsinn ist. Die Definition einer erfolgreichen Anlagetätigkeit ist derart schwierig zu vollziehen, dass es vor allem in den USA zur Usanz geworden ist, die Entwicklung eines Finanzindex als Massstab und Vergleichsinstrument des Erfolges des Investmentmanagers heranzuziehen. Es gibt heute fast für jede denkbare Anlagemöglichkeit einen Index. Diese werden durch Institutionen wie Morgan Stanley, Salomon Smith Barney, Financial Times etc. täglich aktualisiert. Somit ist es möglich, praktisch für jedes Anlagedepot einen Index oder eine Zusammensetzung mehrerer Indizes zu finden, welche dem Risikoprofil der vereinbarten Anlagepolitik (scheinbar) entsprechen. Am Ende des Quartals oder des Geschäftsjahres errechnet man die Performance der Anlage, vergleicht diese mit der Entwicklung des vergleichbaren Index und sieht das Verdikt schwarz auf weiss, ausgedrückt auf zwei Kommastellen genau. Hat der Vermögensverwalter den Index geschlagen, war er erfolgreich. Blieb er hinter dem Index zurück, hat er versagt und läuft Gefahr, entlassen zu werden.

Es ist natürlich für institutionelle Anleger nötig, den Erfolg der Anlagemanager irgendwie zu messen und zu beurteilen, doch für Privatklienten erachte ich den Kampf gegen Indizes als Unsinn. Natürlich kann ein Vermögensverwalter stolz sein, wenn er mit einem auf US-Aktien ausgerichteten Portfolio 25% erwirtschaftet hat, während der Dow-Jones-Index lediglich um 20% gestiegen ist. Doch wie sieht die Sache in einer Baisse aus? Kann er auch stolz sein, nur 15% verloren zu haben, wenn der gleiche Index um 20% gefallen ist? In beiden Jahren hat dieser Vermögensverwalter den Massstab des Erfolges, den Dow-Jones-Index, um 5% geschlagen. Er hat also erfolgreich gearbeitet. Oder doch nicht? Natürlich ist es für einen Privatklienten eine Absurdität, ernsthaft zu behaupten, es sei ein Erfolg, in einem gewissen Jahr 5% weniger verloren zu haben als ein Index. Jeglicher Kapitalwertrückgang ist für ihn ein Misserfolg.

Es sei hier erneut auf die vorgängig gemachten Ausführungen aufmerksam gemacht, in welchen klar zum Ausdruck gebracht wurde, dass der Kapitalerhalt in jedem Fall und alle Jahre wieder Priorität hat und erfolgreiches Anlegen für Privatklienten nur dann vorhanden ist, wenn absolute Wertvermehrung erwirtschaftet wird und nicht bloss ein relativer Erfolg in bezug auf einen Index.

Natürlich ist es unter gewissen Umständen annähernd unmöglich, Geld zu verdienen. 1994 war für Obligationen wie für Aktien ein Desasterjahr. Nur wer ausschliesslich in Cash (aber wohlgemerkt in den «richtigen» Währungen) angelegt hatte, konnte ein Negativjahr vermeiden. Ich meine deshalb, dass eine Plusperformance von

1% in Schweizer Franken in einem Jahr wie 1994 viel wertvoller ist als eine Wertsteigerung von 25% in einem Jahr fallender Zinsen, im Laufe dessen Kraut und Rüben – einfach alles – haussierte, wie beispielsweise 1993. Hier die Verdeutlichung dieser Aussage, ausgedrückt in Schweizer Franken:

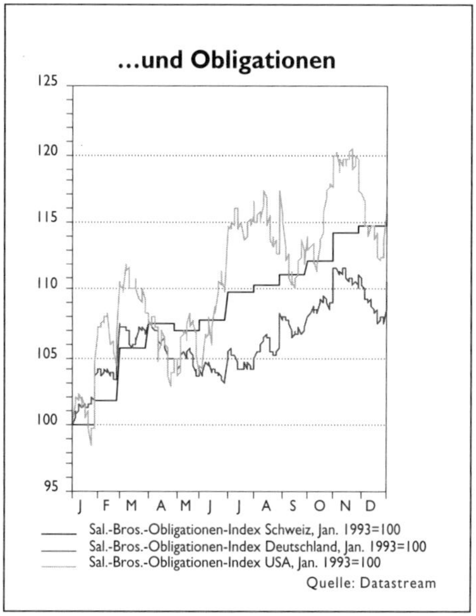

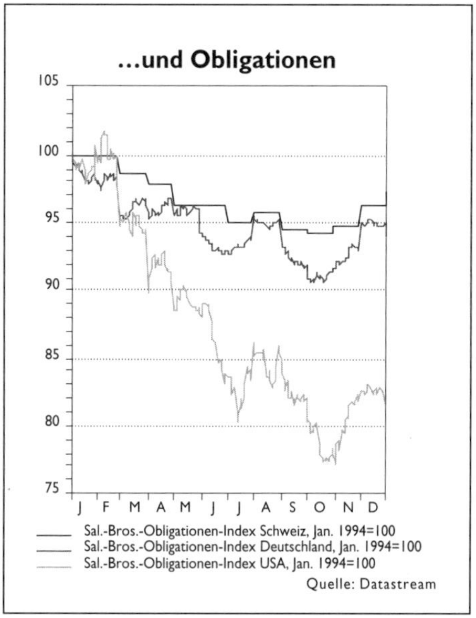

Vergessen Sie also die Modemarotte, Ihr Anlageresultat mit Indizes zu vergleichen, und setzen Sie dieses in Relation zur Vorgabe, zur Anlagepolitik, welche Sie mit Ihrem Berater fixiert haben. Es liegt in der Logik der Sache, dass es unmöglich ist, für ein und denselben Vermögensverwalter gewisse (gleichbleibende) Indizes Jahr für Jahr zu schlagen. Die Finanzwelt setzt sich aus Abertausenden von Profis zusammen, die allesamt über ein beträchtliches Wissen verfügen. Doch wie können Sie alle überdurchschnittlich sein? Denken Sie an die Berufsliga der Fussballer Ihres Landes. Sicherlich setzt sich diese aus lauter hervorragend spielenden Teams zusammen, und vor jedem Spiel ist offen, wer gewinnt. Alle sind gut, und es wäre absurd, am Ende jeder Saison zu behaupten, dass nur die Teams der oberen Tabellenhälfte professionell sind. Im Anlagegeschäft verhält sich die Sache ähnlich.

Den Erfolg anhand eines Index zu messen, mag berechtigt sein für einen institutionellen Anleger, der permanent in einem ganz spezifischen Anlagesegment angelegt sein will (beispielsweise dauernd in US-Aktien). Für Privatanleger jedoch ist es ein ausgekochter Blödsinn, das Anlageresultat jenem gewisser Indizes gegenüberzustellen und hernach das Resultat der Investionen respektive die Fähigkeit des Vermögensverwalters davon abzuleiten. Warum? Privatanleger müssen deren Erfolg *absolut* messen und *nicht relativ* zu irgendwelchen, künstlichen Messkriterien. Ganz anders verhält sich die Sache für eine Pensionskasse, die beispielsweise einem Verwalter in Hongkong einen gewissen Betrag zur Anlage in asiatischen Märkten zur Verfügung stellt und dessen relativen Anlageerfolg anhand eines Börsenindex misst, der sich aus den Komponenten aller dieser Börsen zusammensetzt.

Dieser Anlagemanager muss in ganz spezifischen Anlagesegmenten dauernd investiert sein, und er wird selbst dann in einer Regionalbörse investieren, wenn ihm das Timing als schlecht erscheint. Sein Ziel ist lediglich, in steigenden asiatischen Börsen mehr investiert zu haben als in stagnierenden oder fallenden Regionalmärkten. Schafft er das, ist er für seinen Auftraggeber erfolgreich. Für Sie als Privatanleger ist ein solches Vorgehen natürlich falsch. Sie wollen Geld verdienen. Nicht in relativem Sinne, sondern absolut.

Vergessen Sie also, Ihren Anlageerfolg respektive jenen, welcher durch Ihren Vermögensverwalter erwirtschaftet wird, mit dem Weltindex, dem Börsenindex Ihres Wohnsitzes oder womit auch immer zu vergleichen und Erfolgs- oder Misserfolgskonklusionen zu ziehen, es sei denn, dass die vorgegebene Anlagerichtlinie ganz klar ein spezifisches Anlagegebiet, beispielsweise nur Schweizer Aktien, definiert. Doch seien Sie auch hier auf der Hut: In guten Zeiten werden Sie selbstverständlich eine Outperformance der Schweizer Aktienindizes erwarten. Und in schlechten Zeiten? Die gibt's nämlich auch. Werden Sie da einen Jahrsverlust von 10% hinzunehmen gewillt sein, ungedenk dessen, dass der Swiss-Performance-Index um 18% gefallen ist? Wahrscheinlich ungern. Streben Sie also danach, einen Berater zu finden, der Ihnen langfristig in absolutem Sinne ein zufriedenstellendes Resultat erwirtschaftet und nicht ein in relativem Sinne vertretbares Ergebnis. Denken Sie also daran, dass ein Vergleich Ihres privaten Anlageerfolges mit Indexwerten jeglicher Logik und Vernunft entbehrt. Spätestens in einer Baisse – und solche werden wir ganz bestimmt immer wieder erleben – wird die Berechtigung dieses sehr wichtigen Ratschlags unter Beweis gestellt!

Erfolgreich anlegen = Gewinne maximieren?

Das versteht sich doch von selbst, werden Sie sich sagen. Die Aussage entbehrt jedoch der Vernunft. Als Folge der fast zur Religion gewordenen Manie, Anlageresultate mit irgendwelchen Indizes zu vergleichen, vergisst man oft das Endziel einer Geldanlage. Eine Wertschrifteninvestition hat schliesslich einen Zweck. Klienten, die eine Aktie lediglich halten, um jährlich ein Kilo Gratisschokolade oder einen zusätzlichen Taschenrechner als Aktionärsgeschenk zu erhalten, frage ich provokativ: «Wollen Sie Aktionär sein, oder wollen Sie Geld verdienen?»

Ein Anleger ist primär Unternehmer, und als solcher erwartet er eine Rendite und nicht einen Vergleichsstatus mit Konkurrenten, sprich anderen Anlegern. Eine Rendite spiegelt den materiellen Fortschritt, und nur dieser zählt in der Vermögensverwaltung. Um am Ende einer Rechnungsperiode beurteilen zu können, ob Sie erfolgreich angelegt haben, müssen Sie das erwirtschaftete Resultat wie ein Unternehmer in Relation setzen zu den eingegangenen Anlagerisiken, welche wiederum durch die vereinbarte Anlagepolitik vordefiniert worden sind. Falls Sie risikoavers sind, für die Lebenskostenbestreitung auf das Einkommen des Wertschriftendepots angewiesen sind, Ihre Kinder sich in der Ausbildung befinden und Ihr Berufseinkommen nicht für laufende Ausgaben herangezogen werden soll, ist das Renditepotential für das durch einen professionellen Vermögensverwalter betreute Geld naheliegenderweise beschränkt.

Der Risikofaktor der Anlagen wird hier primär durch Ihr Einkommenserfordernis und Ihre Vorgabe der Risikoaversion vordefiniert, d. h., Ihr Vermögensverwalter kann sich nicht auf den Standpunkt stellen, dass Aktien langfristig mehr abwerfen als festverzinsliche Anlagen. Ihre Vorgabe lautet beispielsweise, dass die zur Anlage verfügbaren 2 Millionen Franken einen jährlichen Minimalertrag von 130 000 Franken abwerfen müssen und die Kapitalwerterhaltung gleichzeitig oberste Priorität geniesst. Es wäre zu definieren, ob der Kapitalerhalt inflationsbereinigt zu erzielen ist. Die Zielsetzung für Ihren Vermögensverwalter lautete demnach: absolute oder inflationsbereinigte jährliche Kapitalerhaltung und Erwirtschaftung eines wiederkehrenden, jährlichen Einkommens (oder einer garantierten Kapitalwertsteigerung) von 130 000 Franken. Sie erwarten also 6,5% Rendite und Kapitalerhaltung.

Zum Zeitpunkt Ihrer Mandatsvergabe an den Vermögensverwalter belaufen sich die Renditen auf erstklassigen, zehnjährigen Obligationenrenditen auf Schweizer Franken auf – sagen wir mal 4% – auf fünfjährigen Anlagen erzielt man vielleicht 3,3% und auf sechsmonatigen Festgeldanlagen ca. 2,5%. Ihr Vermögensverwalter steckt also ganz schön im Clinch, denn im besten Fall kann er aufgrund der Gegebenheiten eine Rendite von 4%, also 80 000 Franken pro Jahr, erzielen – genau 50 000

Franken weniger, als Sie brauchen. Sie erwarten von Ihrem Vermögensveralter, dass er 6,5% sichere Rendite erzielt, währenddem aufgrund der Gegebenheiten nur 4% möglich sind. Das heisst, er soll risikolos 62% mehr erwirtschaften, als es die Logik erlaubt.

Dieses Beispiel ist in seinen Dimensionen keineswegs praxisfremd. Sehr oft werden Anlageresultate vorausgesetzt, welche in Anbetracht der akzeptierbaren Risiken nur mit wirklichem Können zu erzielen sind. Es scheint trivial zu sein, 2,5% mehr Rendite zu erzielen, als dies durch einen Obligationenzins garantiert ist, doch es kann dies, wie erwähnt, 62% mehr sein, als was der Markt hergibt – wohlgemerkt hergibt mit beträchtlichem Risiko: Was passiert, wenn besagte zehnjährige Obligationenzinsen im Laufe der Zeit steigen und Neuemissionen ein Jahr später 5% abwerfen? Dann gibt's rote Köpfe, denn die ursprünglich gekaufte Zehnjahresobligation zu 4% ist nun vielleicht im Markt noch 92% wert. Auf 2 Millionen Franken wurden 80 000 Franken Ertrag erwirtschaftet (50 000 Franken weniger als erforderlich), und der Kapitalwert der Anlagen ist auf 1 840 000 Franken gesunken. Der Kunde hat weder Brötchen noch Fünfer und – wen wundert's? – eben nicht erfolgreich angelegt, obwohl doch eine hyperkonservative Strategie befolgt wurde. Sie sehen also: In Anbetracht der Vorgabe (erstens: Kapitalerhaltung, zweitens: 2,5% mehr Einkommen, als dies der Markt risikofrei erlaubt) sind die an den Vermögensverwalter gestellten Erwartungen keineswegs einfach zu erfüllen, obwohl dies auf den ersten Blick der Fall zu sein scheint.

Der Anleger erwartet unternehmerischen Erfolg ohne Risiko. Da wir hier «nur» von 2,5% risikoloser Erfolgserwartung sprechen, wird gemeinhin angenommen, dies sei doch wohl einfach zu erzielen. Nun, risikolosen Ertrag gibt es einfach nicht, nirgends, und sei es auch nur die Fraktion von einem Prozent! Im vorliegenden Fall ist es dem Vermögensverwalter nur dann möglich, die durch den Klienten gesetzten Kriterien wiederholend einzuhalten, wenn a) die Zinsentwicklung von festverzinslichen Anlagen richtig antizipiert wird und b) die Wechselkurse im Haupttrend korrekt vorausgesehen werden. Ich habe im Laufe meiner langjährigen Tätigkeit feststellen müssen, dass anscheinend «einfache» Mandate im Stile des beschriebenen die schwierigsten Aufgaben darstellen und zudem auch die zeitaufwendigsten Beziehungen sind. *Seien Sie sich darüber im klaren, dass es viel schwieriger ist, einen scheinbar unbedeutenden Betrag risikolos zu verdienen, als ein Vermögen aufgrund von unternehmerischer Risikoabschätzung zu erwirtschaften.*

Erfolgreich anlegen aus der Warte der Bank

Ich war während etwa zwanzig Jahren in Zürcher Vermögensverwaltungsbanken tätig. Im Zuge der Computer-Fortschritte wurden laufend neue interne Statistiken produziert. Manche waren hilfreich, andere von fraglichem Wert, und viele waren völlig nutzlos. Oft hatte ich mich durch Berge von Makulaturen zu wühlen, alles im Zeichen des Fortschrittes. Die Banken produzieren jedoch zweifellos eine Grosszahl von Statistiken, die hinsichtlich Anlageerfolg äusserst detailliert strukturiert sind. Verstehen Sie mich richtig: Ich spreche vom Anlageerfolg der Bank und nicht von jenem des Klienten. Die Banken wollen nämlich sehr genau wissen, wie es um die Rentabilität Ihrer Anlageberater steht. Diese Auswertungen spiegeln glasklar, welche Angestellten der eigenen Vermögensverwaltung rentieren, welche sich zu passiv verhalten und wenig abwerfen. Aus diesem Grund erstellen die Vermögensverwaltungsbanken laufend Übersichten über den Umsatz, den die Anlageberater mit ihren Kunden erzielen.

Der erfolgreiche Berater aus der Sicht der Bank ist nicht unbedingt jener, der für die durch ihn betreuten Klienten die beste Performance erzielt, sondern derjenige, der die höchsten Kommissionserträge herausholt. Ich habe nie erlebt, dass sich die Geschäftsleitung die Anlagephilosophie eines Beraters, der kontinuierlich die besten Performance-Resultate produziert, unter die Lupe nimmt. Interne Ranglisten, die über den Anlageerfolg der einzelnen Berater Aufschluss geben, werden eigenartigerweise nie erstellt, obwohl dies mittel- bis langfristig den untrüglichen Beweis erbringen würde, wer in der Vermögensverwaltung etwas taugt und wer sich berufsmässig verändern sollte. Eine Gegenüberstellung der langfristigen Klienten-Performance mit den umsatzreichsten Portfolios deckt nämlich unweigerlich auf, dass eine enge Korrelation zwischen Umsatzhäufigkeit und Performance besteht. Die sehr «aktiv» verwalteten Depots (jene, die ständig umgeschichtet werden) sind nämlich nie die erfolgreichsten! Und doch ist es kein Geheimnis, dass aus der Sicht Ihrer Bank jener Vermögensverwalter wirklich erfolgreich ist, der viel und häufig Umsatz macht. Wer jahrelang auf den gleichen Aktien sitzt, selbst wenn diese kursmässige Dauerbrenner sind, agiert wider die Interessen der Bank. Ein guter Anlageberater ist, wer Umsatz macht. Das Wohl des Klienten lässt grüssen.

Der Ausspruch «Hin und her macht Taschen leer» gilt mehr denn je. Doch des einen Schmerz ist des andern Glück. Seien Sie also vorsichtig, wenn Sie von erfolgreichen Anlageberatern hören, und prüfen Sie erst, aus welcher Sicht der Dinge dieses Prädikat erteilt wurde.

Vergessen Sie die Börse – denken sie als Unternehmer!

Das heutzutage vorherrschende kurzfristige Denken ist das Hauptübel der meisten unbefriedigenden Performance-Entwicklungen. Es wird von den Klienten nicht selten als selbstverständlich vorausgesetzt, dass der Investitionswert eines Portfolios ununterbrochen zunimmt. Die Intervalle der Zwischenbeurteilungen werden immer kürzer. Als ich vor gut 27 Jahren meine ersten Kunden betreute, war es üblich, halbjährlich einen Anlagestatus zu erstellen. Nach einiger Zeit waren dann Quartalsabschlüsse gefragt; heute erwarten sehr viele Anlageklienten (vor allem die jüngeren) monatlichen Aufschluss über die Performance.

Es stellt sich nun die Frage, ob es sinnvoll sei, die Anlagetätigkeit eines Vermögensverwalters derart oft einer kritischen Kontrolle zu unterziehen und neu zu beurteilen. Ich bin überzeugt davon, dass es ein Unsinn ist, alle dreissig Tage (dies entspricht 20 Handelstagen an der Börse) den Performance-Status seiner Anlagen zu prüfen. Wenn Sie drei- oder viermal hintereinander einen rückläufigen monatlichen Vermögensstand feststellen, greifen Sie wahrscheinlich zum Telefon oder bedienen sich des Faxgerätes, um Ihrem Vermögensverwalter Ihre ernste Besorgnis zu übermitteln. «Der Portfolio-Wert ist nun schon dreimal gefallen», werden Sie sagen. «Wenn das so weitergeht, ist mein Vermögen in genau drei Jahren und einem Monat verloren!» Leider habe ich derartige Äusserungen schon erlebt, und es hilft in Zeiten von Börsenkonsolidierungen oder Rückschlägen wenig, mit nüchterner Logik auf derartige Bedenken der Klienten zu reagieren. Die ganze Problematik entsteht nur aufgrund des kurzfristigen Denkens – aufgrund des absurden Verhaltens, langfristige Erfolge mit Wochenresultaten gleichzusetzen. Vielleicht macht es Spass, täglich den Börsenteil der Tageszeitung zu lesen und jeden Morgen die Schlusskurse der eigenen Aktien zu überprüfen. Ist der Grossteil der Anlagen seit gestern wertmässig gestiegen, ist der Tag in Ordnung?

Sind die Aktien jedoch weniger wert als am Vortag, stimmt etwas nicht. Vor allem mit Ihrem Berater. Dass das Unsinn ist, leuchtet jedem ein, doch jeden Monat einen Anlagezwischenstand anzufordern erscheint heute vielen Investoren unerlässlich. Ein Monatsintervall ist grundsätzlich genauso nichtssagend und vielleicht sogar irreführend wie eine tägliche Überprüfung Ihrer Anlagen. Vergessen Sie das Tagesgeschehen der Börse, ansonsten Sie vor lauter Bäume den Wald nicht sehen. Die sehr kurzfristige Beurteilung des Anlageergebnisses verhindert eines der allerwichtigsten Erfolgsrezepte, nämlich unternehmerisch anzulegen und nicht auf der Jagd nach Eintagsfliegen zu sein. Was interessiert mich eine Aktie, die im Laufe der nächsten Woche 10% zulegt und dann für Jahre in der Anonymität des Kursstillstandes verschwindet? Die Chance, dass man diese Aktie vor der Aufwärtsbewegung kauft und vor der «Versenkung» verkauft, ist minim. Was wir suchen, sind dynamische Unternehmen, technologische Durchbrüche, Innovationen. Wenn ich als Vermögensveralter wirklich erfolgreich sein will, suche ich Gesellschaften, die ich, falls dies möglich wäre, vollumfänglich besitzen möchte.

Da die Voraussetzungen dazu meist nicht gegeben sind, werde ich Aktionär und damit Mitinhaber, Mitunternehmer. Wem käme es in den Sinn, die unternehmerischen Aussichten von Coca-Cola, McDonald's oder Roche auf monatlicher Basis neu zu beurteilen? Wohl niemandem, der halbwegs bei Vernunft ist. Doch wenn der Anlagewert eines Investitionsportfolios im Laufe von drei oder vier Monaten kontinuierlich sinkt, muss heute ein Vermögensverwalter bisweilen das Risiko akzeptieren, vom Klienten an die Kandare genommen zu werden. Kein Unternehmen der Welt weist ununterbrochen nur Erfolgserlebnisse vor. Auch den besten Unternehmen der Welt unterläuft manchmal eine Fehlbeurteilung, doch wirft man Coca-Cola gleich über Bord, weil diese vielleicht in der Mongolei 30 Millionen Dollar abschreibt? Natürlich nicht.

Wenn Sie Ihrem Vermögensverwalter erlauben, unternehmerisch zu denken (was voraussetzt, dass Sie Ihren Vermögensstand allerhöchstens zweimal pro Jahr kritisch würdigen), werden Sie langfristig ganz bestimmt die besten Anlageresultate erzielen. Am besten verfahren Sie nach dem Motto: «Was mich interessiert, ist eine unternehmerische Beteiligung an marktführenden Wachstumsfirmen, nicht ihre Börsenkurse.» Wenn Sie sich von diesem Prinzip leiten lassen, sind Börsenbaissen zwar weiterhin unerfreulich, doch sie haben effektiv keine massgebliche Relevanz mehr, denn der langfristige Erfolg von Coca-Cola, Royal Dutch oder L'Oréal hat nun wirklich überhaupt nichts zu tun mit dem aktuellen Trend der Börse. Die Aktienkurse geben vielleicht im Moment nach, weil beispielsweise wichtige Zentralbanken zur Dämmung einer Wirtschaftsüberhitzung die Zinsen erhöhen und folglich Aktien gegenüber festverzinslichen und risikolosen Festgeldanlagen temporär an Attraktivität einbüssen. In einem solchen Umfeld sinken ganz einfach alle Kurse.

Es ist unerlässlich, sich zu solchen Zeiten die objektive Frage zu stellen, ob man als Unternehmer Coca-Cola fallenlässt und die Aktie verkauft oder ob man zur Überzeugung gelangt, dass mit dieser Gesellschaft weiter alles zum besten steht und man das Börsenumfeld (inklusive Kursschwäche der eigenen Anlage) ignoriert. Zweifelsfrei sind jene Anleger und Vermögensverwalter langfristig am erfolgreichsten, die diese Grundthese unbeirrt befolgen. Manchmal, wahrscheinlich etwa alle fünf Jahre, erfordert es fast übermenschliche Selbstdisziplin, dem beschriebenen Prinzip treu zu bleiben. Baisseperioden haben zuweilen die verheerende Ausstrahlung einer Angstpsychose, welche auch Ihren Vermögensverwalter dazu provoziert, Entscheidungen nach der unheilvollen Devise «Rette sich, wer kann!» zu treffen. Das ist nichts als menschlich. Besteht jedoch ein tiefer Konsens und Vertrauen zwischen Ihnen und Ihrem Vermögensverwalter, so werden in solchen Phasen der Bewährung kaum subjektiv ausgelöste Panikentscheide getroffen. Er wird auch dann unternehmerisch evaluieren, ob sich die Baisse der eigenen Aktien auf firmenspezifische Aspekte bezieht oder ob vielleicht nur das monetäre Umfeld für den generellen Rückschlag verantwortlich ist. Es ist verständlich, dass nicht alle Klienten bereit sind, solche Baisseperioden stoisch und unternehmerisch denkend zu überstehen. Bedenken Sie jedoch, dass General Motors auch nicht gleich jede zweite Fabrik liquidiert, nur weil ein zyklischer Abschwung der Autoabsätze eingetreten ist.

Zur Untermalung meiner These möchte ich nachfolgend von einer Erfahrung mit einem meiner ersten Grossklienten berichten, welche mir schon früh in meiner Karriere als Vermögensverwalter klargemacht hat, was mit der These des «unternehmerischen Anlegens» eigentlich gemeint ist.

Ende der sechziger Jahre lebte ich einige Jahre in Tokio, was mir später in meinem Beruf sehr zugute kam. Aufgrund der beruflichen und menschlichen Erfahrungen, die ich im Laufe dieser Jahre sammeln konnte, war es für mich zu Beginn meiner beruflichen Tätigkeit als Vermögensverwalter naheliegend, mich auf fernöstliche Anlagen, primär in Japan, zu konzentrieren. Die Vertrautheit mit der japanischen Mentalität ermöglichte mir den Aufbau persönlicher Kontakte und einen recht vielversprechenden Start in meine Aktivität als Vermögensverwalter. In den siebziger und achtziger Jahren waren die Portfolios meiner Klienten schwergewichtig auf Japan ausgerichtet. 1971 lernte ich Edmund Stinnes (Sohn des berühmten Hugo Stinnes) kennen. Edmund Stinnes war damals 74 Jahre alt, ein erfahrener Unternehmer, der im Laufe seines Lebens wahrhaftig manche Periode des Auf und Ab erlebt hatte. Er war vielleicht der lebenserfahrenste Mensch, den ich je kennengelernt habe, der immer unvoreingenommenes Vertrauen in junge Menschen hatte.

«Der Jugend gehört die Zukunft», war seine Devise, und er war bei seiner Anlagetätigkeit umringt von Beratern, die meistens Ende Zwanzig waren. Es braucht Mut und Überzeugung, dem Leitsatz nachzuleben, dass junge, von positiven wie negativen Erfahrungen unbelastete Menschen manche wirtschaftliche Entwicklungstendenz intuitiv besser zu erkennen in der Lage sind als bestandene, ältere Fachleute. Zweifellos hat diese Einstellung ihre Berechtigung. Bedenken Sie zum Beispiel, was heute in der Computer-, Medien- oder Kommunikationsbranche vor sich geht.

Wer hier verlässliche Finanzstudien betreibt, bespricht sich nicht mit Fünfzigjährigen. Leute unter Dreissig erkennen, was ein Durchbruch ist und was sich als Fahrt in die Sackgasse entpuppen wird. Jedenfalls schenkte mir Edmund Stinnes in meinen jungen Jahren viel Vertrauen, und nachdem ich für einige Zeit eine Beraterfunktion für Anlagen in Japan ausgeübt hatte, verwaltete ich dieses Segment der Anlagen bald selbständig. Eines Tages verkaufte ich die Aktien Kyoto Ceramics und Ito Yokado mit erklecklichem Gewinn. Es vergingen zwei Tage, als Edmund Stinnes mich anrief, um sich über meine Beurteilung der wirtschaftlichen Lage in Japan zu erkundigen. Am Ende des Telefonats fragte er dann beiläufig: «Warum haben Sie eigentlich diese zwei japanischen Aktien verkauft?» Recht stolz erwiderte ich, dass wir in beiden Fällen über 70% Gewinn realisiert hätten. «Und?» war die Replik. «Ist was schiefgegangen mit den Gesellschaften? Ist der Ausblick schlecht geworden oder stimmt was nicht mit den Bilanzen?» forschte er. Ich erwiderte, bei diesen Firmen stünde alles zum besten, doch müsse man eben ab und zu solch grosse Gewinne realisieren. Kurze Pause.

Doch dann kam die Antwort: «Marcel», begann er (Edmund Stinnes nannte alle seine Berater beim Vornamen), «der Umstand allein, dass eine Anlage im Wert gestiegen ist, darf nie die Motivation darstellen, diese zu liquidieren. Solange man von den fundamental positiven Aussichten der Investition überzeugt ist, besteht überhaupt kein Grund, eine Aktie zu verkaufen, unabhängig davon, ob man einen riesigen Buchgewinn – oder vielleicht auch einen börsenmässigen Buchverlust aufweist. Wenn Sie mir keinen plausibleren Verkaufsgrund angeben, als dass Sie diese Aktien lediglich aufgrund einer Gewinnmitnahme veräussert haben, dann war die Entscheidung falsch. Kaufen Sie diese Aktien umgehend zurück!»

Diese Belehrung eines weisen, erfahrenen Unternehmers war für mich ein Meilenstein in meiner beruflichen Tätigkeit als Vermögensverwalter. Es war für mich der Grundstein der vorstehend dargelegten These, dass ein erfolgreicher Aktienanleger als Unternehmer denken und handeln muss, dass er sich nicht durch den Börsentrend des Moments hinters Licht führen lassen soll. Was nützt es Ihnen, einen grossen Gewinn auf einer Erfolgsstory zu realisieren und den Erlös in einer neuen, risikobehafteteren Situation voller Unbekannten neu zu investieren? Da Bargeld oft unter den Nägeln brennt, schreitet man so oft zu einem Neuengagement, welches ungünstigere Voraussetzungen bietet als die eben veräusserte Anlage. Gewinnrealisierungen auf Aktien von Branchenführern sind aus langfristiger, unternehmerischer Sicht meistens verfehlt, vorausgesetzt, dass diese nicht durch Konkurrenzfirmen abgelöst werden. In den sechziger Jahren waren IBM, Xerox, Polaroid scheinbar unantastbare Leader ihres Sektors, wurden jedoch durch die Zeit eingeholt und vorübergehend durch japanische Konkurrenten als Branchenführer abgelöst. Die folgenden Grafiken führe ich als typische Beispiele von Situationen auf, bei denen Gewinnrealisationen aus der Sicht unternehmerisch denkender Anleger immer falsch waren.

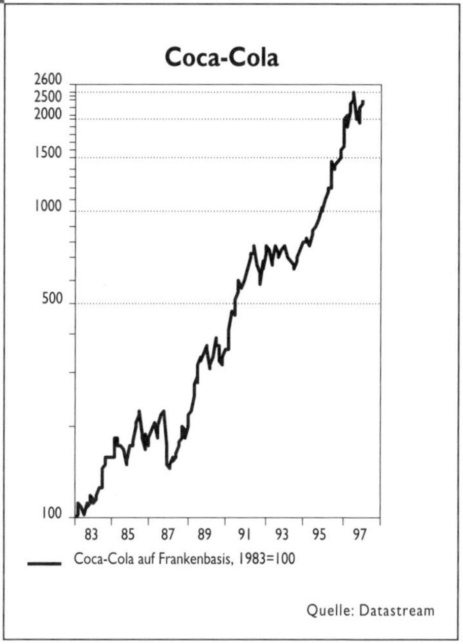
Coca-Cola
2600
2500
2000
1500
1000
500
100
83 85 87 89 91 93 95 97
Coca-Cola auf Frankenbasis, 1983=100
Quelle: Datastream

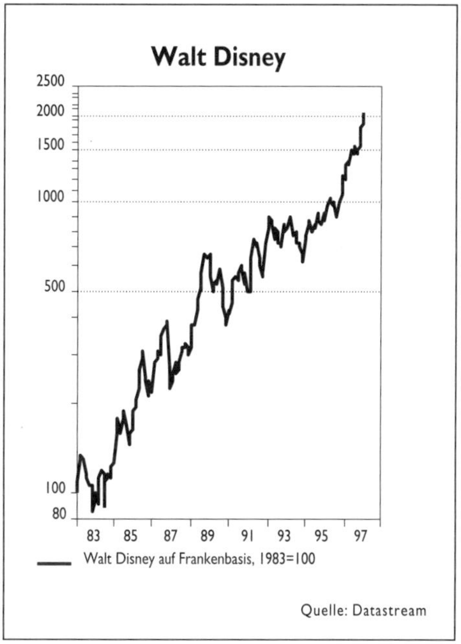
Walt Disney
2500
2000
1500
1000
500
100
80
83 85 87 89 91 93 95 97
Walt Disney auf Frankenbasis, 1983=100
Quelle: Datastream

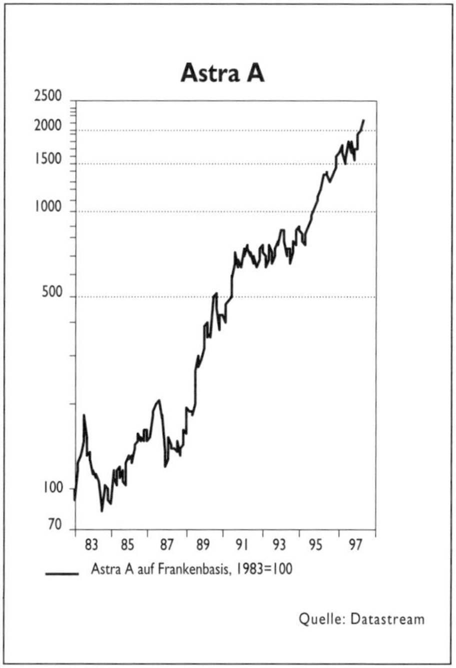
Astra A
2500
2000
1500
1000
500
100
70
83 85 87 89 91 93 95 97
Astra A auf Frankenbasis, 1983=100
Quelle: Datastream

HSBC
2000
1500
1000
500
100
70
83 85 87 89 91 93 95 97
HSBC auf Frankenbasis, 1983=100
Quelle: Datastream

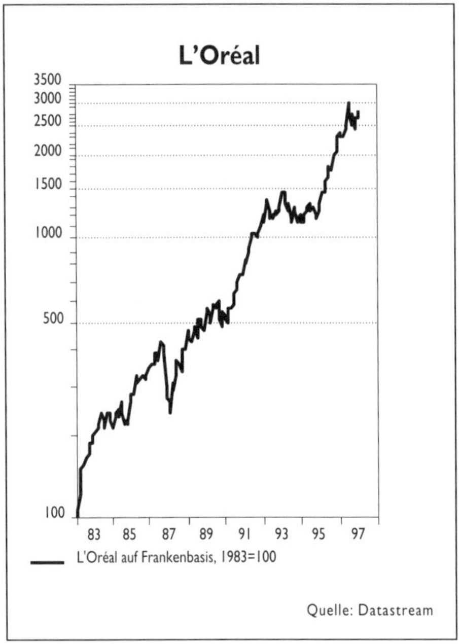

L'Oréal
3500
3000
2500
2000
1500
1000
500
100
83 85 87 89 91 93 95 97
L'Oréal auf Frankenbasis, 1983=100
Quelle: Datastream

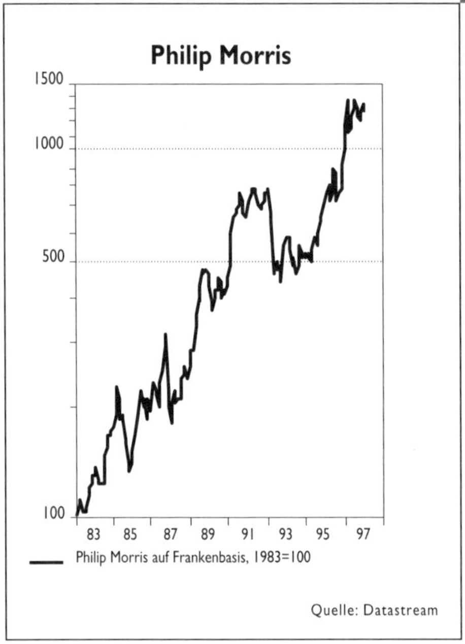

Philip Morris
1500
1000
500
100
83 85 87 89 91 93 95 97
Philip Morris auf Frankenbasis, 1983=100
Quelle: Datastream

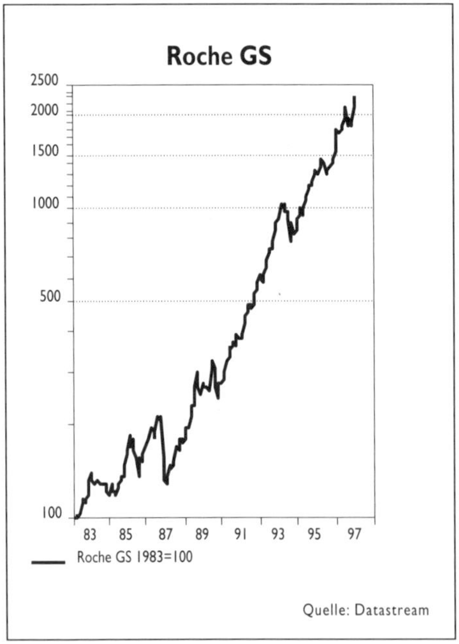

Roche GS
2500
2000
1500
1000
500
100
83 85 87 89 91 93 95 97
Roche GS 1983=100
Quelle: Datastream

Royal Dutch
1000
800
600
400
200
100
83 85 87 89 91 93 95 97
Royal Dutch auf Frankenbasis, 1983=100
Quelle: Datastream

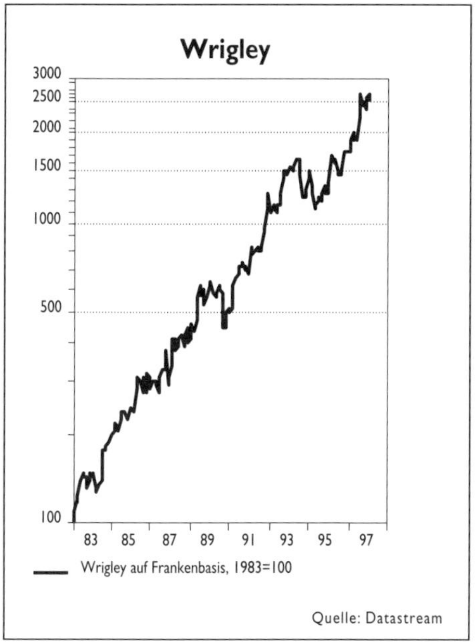

Die Liste könnte natürlich noch unzählige weitere Namen enthalten. Ich habe mich darauf beschränkt, ein paar typische Beispiele von Qualitätsaktien höchster Stufe aufzunehmen, welche für Sie sicherlich ein Begriff sind.

Die Konklusion, die aus obigen Darlegungen zu ziehen ist, lautet sicherlich dahingehend, dass ein Kursanstieg per se nie den alleinigen Grund für einen Verkauf darstellen darf. In den dargestellten Beispielen waren die fraglichen Aktien zu gewissen Zeitpunkten rein analytisch oft überbewertet. Man musste sich zu Recht überlegen, ob sich die Aussichten mit der Entwicklung der Vergangenheit messen konnten. Die Aktien von l'Oréal waren beispielsweise im Januar 1994 zu teuer. 1992 und wiederum 1997 war Coca-Cola sehr generös bewertet. Im Sommer 1997 waren die Aktien von HSBC (vormals Hongkong Shanghai Bank, heute die grösste und profitabelste Bank der Welt) fundamental der Realität enteilt. Nach diesen Daten blieben die Aktien stehen – oder verbilligten sich vorübergehend.

Manchmal bleibt ein solcher Anlage-«Musterknabe» kursmässig auch zwei Jahre stehen (Astra z. B. zwischen Februar 1993 und Februar 1995 oder HSBC gar während vier Jahren (1987–1990). Und trotzdem war es auch in dieser Situation richtig, als Anleger zu seiner unternehmerischen Überzeugung zu stehen und (wie Edmund Stinnes in der beschriebenen Anekdote) nie einen Verkaufsentscheid zu fällen, der nicht von ebensolchem Denken geleitet war. Falls Sie 1986 HSBC-Aktien gekauft haben and kurz darauf nicht weniger als vier Jahre auf einer stagnierenden Aktie gesessen sind, haben Sie bis Herbst 1997 Ihr Geld verzehnfacht. Vergessen Sie also das Tagesgeschehen an der Börse und erlauben Sie Ihrem Vermögensverwalter, Firmen zu besitzen und nicht einfach in irgendwelchen Namen des Börsenzettels zu investieren, die gerade en vogue sind. Das unternehmerische Denken Ihres Vermögensverwalters ist von zentraler Bedeutung, doch die Voraussetzung dafür liegt bei Ihnen, indem Sie sich mit diesem Denken zu identifizieren imstande sind. Wie ich schon ausführte, kann dies gelegentlich den Adrenalinausstoss ganz ordentlich fördern.

Was zusätzlich zugunsten des unternehmerisch denkenden Anlegers spricht, ist der Aspekt des Timings hinsichtlich Aktienkäufen und -verkäufen. Computermodelle und

Langzeitsimulationen haben eindeutig ergeben, dass der Versuch, tief zu kaufen und hoch zu verkaufen, den Erfolg schmälert und die Langzeit-Performance zusätzlich durch deutlich höhere Spesen beeinträchtigt. Vornehmlich Anleger im angelsächsischen Raum verlegen sich mehr und mehr auf eine passive Anlagepolitik. Sogar Finanz- und Marktanalysen werden eliminiert, indem der Gesamtmarkt eines Börsenplatzes «synthetisch» nachgebildet wird: Man kreiert einen Indexfonds aller in einem Börsenindex repräsentierten Blue-Chip-Aktien.

Naheliegenderweise ist dieses Vorgehen nur für institutionelle Investoren geeignet, welche einen sehr langfristigen Anlagehorizont haben. In Haussezeiten (z. B. 1995–1997) ist es für Vermögensverwalter, welche sich nach Markt-Timing richten, d. h., die versuchen, günstig einzusteigen und hoch zu realisieren, fast unmöglich, deren Konkurrenten, die «blind» einen Indexfonds kaufen, performancemässig zu übertrumpfen. Die aktive Verwaltung von Vermögen verursacht nämlich rund viermal höhere Unkosten (Transaktionskommissionen) als passive Anlagedepots. Zu berücksichtigen ist jedoch, dass die passive Anlagestrategie nur für langfristig agierende Anleger geeignet ist, denn in Baissezeiten (von denen schon lange niemand mehr redet) bleiben sie zu 100% investiert – nicht angenehm, falls man sich täglich der Lektüre der Finanzpresse widmet.

Doch warum werden die meisten Gelder «aktiv» verwaltet, wenn doch erwiesen ist, dass die unternehmerische Taktik (die besten Gesellschaften jedes Sektors zu kaufen und zu halten) bessere langfristige Resultate bringt? Antwort: der Interessenskonflikt. Fonds wie auch Privatanlagedepots generieren durch aktive Verwaltung bedeutende Umsatzkommissionen, die eben im Fall einer «Buy and hold»-Politik nicht anfallen. Zudem muss ich aus Erfahrung anfügen, dass nur sehr wenige Privatklienten den Mut und die Einsicht haben, deren «unternehmerische» Aktienbestände durch dick und dünn durchzuhalten, solange die fundamentalen Voraussetzungen dieser Branchenführer unverändert bleiben. Börsenbaissen lösen meistens eine Prinzipabkehr aus. Dass die unternehmerische Anlagestrategie jedoch langfristig die weitaus besten Anlageresultate erbringt, ist für mich ohne Zweifel. Leider ist sie jedoch nur für Investoren geeignet, deren Lebensqualität nicht von kurzfristigen Erfolgen der Anlagen abhängig ist. Ein Kardinalpunkt, den Sie mit Ihrem persönlichen Vermögensverwalter nicht gründlich genug erörtern können!

Der Faktor «Glück»

Im Anlagegeschäft, wie überall im Leben, spielen auch die Faktoren des Glücks und des Zufalls eine nicht zu unterschätzende Rolle. Es wäre jedoch falsch und vermessen zu behaupten, eine erfolgreiche Anlagetätigkeit sei langfristig in massgeblicher Weise vom Glück beeinflusst. Menschen, die anscheinend immer auf der Seite der Fortüne stehen, sind (Neider würden sagen: «seltsamerweise») fast immer intelligent. Leute dagegen, die ein Leben lang vom Pech verfolgt sind, treffen sehr oft Entscheide, die jeglicher Vernunft und Logik entbehren und so laufend zum Scheitern verurteilt sind. Vielleicht ist dies ein harsches Urteil, doch es ist eine althergebrachte Erkenntnis, dass das Glück auf der Seite des Tüchtigen steht. Nicht von ungefähr.

Der Faktor «Glück» spielt jedoch im wahren Sinne des Wortes zu jenem Zeitpunkt mit, da Sie sich dazu entscheiden, einen Teil oder das Ganze Ihres Vermögens einem professionellen Verwalter zur Anlage zu übermachen. Es liegt in der Natur der Sache, dass laufend neue Vermögensverwaltungsmandate vergeben werden, sei es aufgrund eines Erbganges, der Errichtung eines Familien-Trusts, einer Scheidung, der Veräusserung eines Geschäftsbetriebes. Sie sind plötzlich damit konfrontiert, ein kleineres oder auch grosses Vermögen anzulegen. Man legt sich in solchen Zeitpunkten nie Rechenschaft darüber ab, ob es in dem spezifischen Moment überhaupt sinnvoll sei, die verfügbaren Mittel zur Anlage zu bringen. Von Freunden oder einem hilfreichen Nachbarn vernimmt man den Namen eines Finanzinstituts, an welches man sich flugs mit dem Ansinnen eines möglichst umgehenden Investitionsprozedere wendet.

Wenn ich manchmal miterlebe, wie intensiv sich gewisse Leute mit dem Kauf eines neuen Rasenmähers beschäftigen, oder wie schwer sich andere wiederum damit tun, den neuen Vorhangstoff fürs Arbeitszimmer auszuwählen, bin ich frappiert, wie unbedacht das ersparte, erarbeitete oder geerbte Vermögen vorbehaltlos der erstbesten sich bietenden Adresse zur Verwaltung anvertraut wird. Hier beginnt eines der Glückskapitel oder prädestiniertes Pech. Im nachfolgenden Unterkapitel «Kennen Sie sich selbst?» gehe ich eingehend auf die Hausaufgaben ein, welche Sie unbedingt vor der Vergabe eines Vermögensverwaltungsmandates zu erledigen haben. Einen Vermögensverwalter erkürt man nicht einfach aufgrund eines aufgeschnappten Tips. Nur Masochisten täten das. Die sich erst Jahre später als richtig erweisende Wahl Ihres Vermögensverwalters ist natürlich auch ein bisschen eine Sache des Glücks – oder der Intuition.

Wahrlich involviert ist das Glück jedoch nur einmal: hinsichtlich des Timings Ihres Einstiegs nämlich. Es gibt Zeitpunkte des Anlagestarts, welche sich auch für den ausgewiesensten Vermögensverwalter als Katastrophe herausstellen, oder aber solche, welche Fehlentscheide nahezu ausschliessen. Wenn Sie Ihr Vermögen beispielsweise am 1. Januar 1994 einem neuen Verwalter anvertrauten, den Sie aufs sorgfältigste ausgewählt hatten, konnte dieser nicht vermeiden, Ihnen nach Ablauf des ersten Anlagejahres einen Verlust auszuweisen. Nach dem Glanzjahr 1993 ging im darauffolgenden Jahr wirklich alles schief; deutlich illustrieren dies die Grafiken auf Seite 23.

1994 gab es nur ein einziges Rezept, schadlos über die Runden zu kommen: Bargeld. 100% Cash! Aber: Kein Vermögensverwalter der Welt übernimmt ein neues Verwaltungsmandat und sitzt ein Jahr lang auf Bargeld – notabene in der richtigen Währung, was im fraglichen Jahr der Schweizer Franken gewesen wäre.

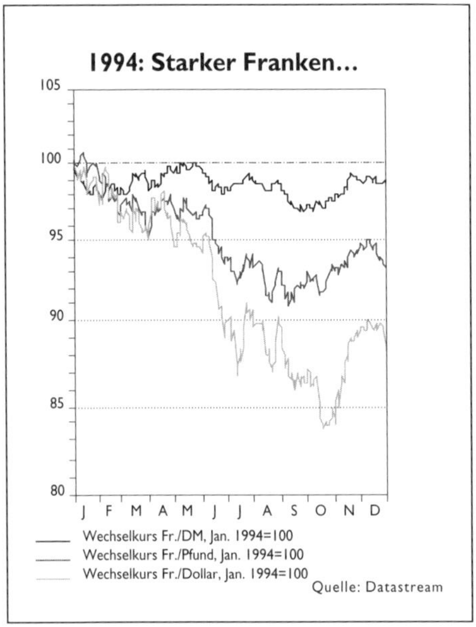

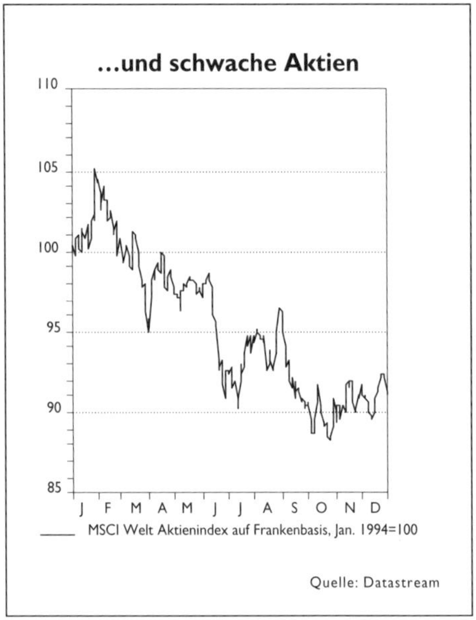

Für ein am 1. Januar 1994 vergebenes Mandat (es gibt natürlich unzählige Daten, die mit dem genannten Termin gleichzusetzen sind) war somit unmittelbarer Misserfolg vorprogrammiert, obwohl dies dem Klienten durchaus nicht plausibel sein musste – vor allem nach dem überbordenden Vorjahr, welches für Hinz und Kunz Gewinn brachte. Im nachhinein wissen wir, dass im Jahr 1994 kein Kraut gegen den Misserfolg gewachsen war, doch am 1. Januar desselben Jahres war dies in keiner Weise zu erwarten. Ironischerweise war ein Jahr zuvor, am 1. Januar 1993, gerade das Gegenteil der Fall. Auch der mediokreste Hobbyverwalter war fähig, in diesem Jahr ein ansprechendes Resultat zu erzielen. Ein unvoreingenommener Klient, der am 1. Januar 1993 einen neuen Berater einsetzte, kam nach 12 Monaten leicht zum Schluss, er habe wohl einen äusserst fähigen Profi gefunden.

Der 1. Januar 1993 war ein Glückstermin für die Vergabe eines neuen Anlagemandates, währenddem der Jahresbeginn 1994 ein denkbar schlechtes Einstiegsdatum war. Wen immer Sie damals als Verwalter einsetzten, durfte entweder mit Glück in die Performance abheben oder das Spiel quasi mit einem Eigentor beginnen. Der Faktor «Glück/Pech» vertuschte das erste Jahr der professionellen Tätigkeit! Es wird immer unmöglich bleiben, solche Unwägbarkeiten zu vermeiden. Niemand kann Vorkommnisse, wie den «Ölschock» oder den Akt eines Irren, den Golfkrieg von 1990/91, voraussehen oder deren Finanzkonsequenzen abschätzen. Fällt eine neue Beziehung jedoch mit einem derartigen Ereignis zusammen, muss man akzeptieren, dass das Timing eines neuen Vermögensverwaltungsmandates unbeeinflussbaren externen Faktoren unterliegt. Seien Sie sich dessen bewusst und urteilen Sie nach Abschluss der ersten Rechnungsperiode entsprechend objektiv!

Kennen Sie sich selbst?

Wer kennt sich schon? Niemand tut das wirklich. Auch nach intensiver Psychoanalyse nicht. Wenn Sie sich jedoch eine harmonische Beziehung zu Ihrem Vermögensverwalter und ein langfristig zufriedenstellendes Anlageresultat erhoffen, dann ist es unerlässlich, dass Sie sich quasi selbst kennenlernen und sich darüber Rechenschaft ablegen, welche Bedeutung Ihrem Vermögen eigentlich zukommt. Die Voraussetzungen für einen Dreissigjährigen, der eine Million Franken geerbt hat, sind völlig verschieden von jenen eines sechzigjährigen Rentners oder einer vierzigjährigen Witwe und Mutter von drei Kindern, die über das nämliche Vermögen verfügen. Alle erwarten vom Vermögensverwalter, dass er die Performance optimiert, doch für jede dieser Personen gilt eine völlig unterschiedliche Risiko-Matrix.

Ein Dreissigjähriger, noch ohne eigene Familie, kann sich erlauben, eine aggressive, auf Wachstum ausgerichtete Anlagepolitik zu verfolgen, welche einen relativ hohen Risiko- und Ertragsfaktor beinhält. Der sechzigjährige Rentner, verheiratet, Besitzer eines Eigenheims mit Hypothekarbelastung und gleichbleibender Rente, erhofft sich von seinem Vermögensverwalter ebenfalls eine Wachstumsperformance, doch ist unschwer zu erkennen, dass sich dieser Anleger – ganz im Gegensatz zum erstgenannten – keine Rückschläge leisten kann. Die vierzigjährige Witwe schliesslich, die für drei Kinder und sich selbst zu sorgen hat und vielleicht über kein Berufseinkommen verfügt, erhofft sich durch den Beizug eines professionellen Vermögensverwalters eine Verbesserung der Vermögenslage, doch da der Besitzstand gewahrt werden und dieser gleichzeitig den Lebensunterhalt erwirtschaften muss, kann anlagemässig praktisch kein Risiko eingegangen werden.

Trotz dieser Vorgaben ist es in der Praxis keineswegs unüblich, dass diese drei Personen mit gleich grossen Vermögen von ihrem Berater ein und dasselbe erwarten: eine «bestmögliche» Verwaltung. Die Klienten sind sehr selten in der Lage, die eigenen Bedürfnisse sowie die eigene Reizschwelle des Risikos zu erfassen und zu definieren. Sie begnügen sich gegenüber dem Vermögensverwalter mit der Ausssage «Sie wissen ja in diesen Dingen am besten, was zu tun ist» oder «Verfahren Sie mit den Anlagen ganz nach Ihrem Ermessen». Sicherlich ist es für Vermögensverwalter erfreulich, derartige Bekenntnisse des Vertrauens zu hören. Und meistens insistiert er nicht auf eine Präzisierung der persönlichen Bedürfnisse und vor allem der Risikoaspekte der Vermögensverwaltung. Dies ist für einen Vermögensverwalter eine grobe Unterlassungssünde, denn nur er kann wissen und erkennen, dass es für den Mandanten fast unmöglich ist, die eigene Risikoakzeptanz zu definieren. Ungerechtfertigterweise denken viele Klienten, wie auch Finanzfachleute, dass eine risikoavers geführte Anlagepolitik weniger Fähigkeiten erfordert als ein auf Wachstum ausgerichtetes Portfolio.

Dies hat zur Folge, dass Anlageklienten, wie vielleicht der oben beschriebene Rentner, innerlich zwar wissen, dass sie kaum Akzeptanz zu Risiko haben, jedoch vom Verwalter irgendwelche Wunder erwarten, indem sie hoffen, dass dieser die langfristige Rendite eines Aktienportfolios erzielt, jedoch nur das Risiko von Regierungsfestgeldern eingeht. Um diesen Selbstbetrug möglich zu machen, vermeidet man es als Klient unbewusst, das eigene Risikoprofil zusammen mit seinem Vermögensverwalter zu erarbeiten. Wird dies nicht zu Beginn einer Beziehung getan, so wird es – glauben Sie mir – später nie mehr nachgeholt, mit der Folge, dass permanent eine Anlagepolitik geführt wird, die in keiner Art den persönlichen Voraussetzungen entspricht und meistens zu risikobehaftet ist. Zu Beginn einer Vermögensverwaltungsbeziehung ist es deshalb von allergrösster Wichtigkeit, dass Sie sich selbst klassifizieren, Ihr anlagemässiges Risikoprofil finden, Ihre Einkommenserfordernisse bestimmen etc. Diese Hausaufgaben sind die Voraussetzung dafür, dass Ihre Vermögensverwaltung auf einem Pfad der Realität verläuft. Jeder Ertrag ist durch den Risikograd der entsprechenden Anlage definiert. Es nützt nichts, Ihrem Berater anzuvertrauen, Sie seien «konservativ» und die Vermögensverwaltung habe auf dieser Richtlinie zu erfolgen.

Es ist durchaus «konservativ», eine 15jährige Anleihe der Schweizerischen Eidgenossenschaft zu kaufen. Tut man dies jedoch auf dem Tiefstpunkt eines Zinszyklus – bevor die langfristigen Zinsen anziehen –, so kann eine solche «konservative» Anlage mindestens vorübergehend ganz schön ins Auge gehen. Es hilft dann wenig zu erklären, Schweizer Regierungspapiere gehörten zu den qualitativ besten Anlagevehikeln. Es war in der letzten Dekade sicher auch «konservativ», Siemens-Aktien im Portfolio zu halten. Der Vorgabe durch die Anlagepolitik wurde damit alle Ehre gemacht. Doch hat man auch Geld verdient? Nein. Die Siemens-Aktien traten zehn Jahre lang an Ort. «Konservativ» anlegen heisst alles und nichts. Es ist ein völlig untauglicher Begriff, um die Erfordernisse und die Risikoakzeptanz eines Anlegers zu umschreiben. Versuchen wir also, den Pflichtaufgaben, welche Sie als Anleger erledigen müssen, konkret näherzukommen.

Globale Vermögensverhältnisse

Wie oft habe ich es erlebt, dass neue Vermögensverwaltungsmandate einem Versteckspiel gleichkamen! Das ist vielleicht nicht weiter erstaunlich, denn die menschliche Beziehung zwischen Klient und Vermögensverwalter ist zur Zeit der Mandatserteilung meistens noch nicht derart tief, als dass alle Details der eigenen Verhältnisse eröffnet werden. Vielleicht setzt der Kunde aufgrund einer Empfehlung grosse Erwartungen in den neuen Berater, doch will er vorerst abwarten und Tee trinken und den neuen Kontakt erst einmal testen, bevor er sich weiter offenbart. Das ist ungeschickt und führt in sehr vielen Fällen zu Fehleinschätzungen seitens des Beraters. Nehmen wir an, dass ein Klient vorgibt, ein Anlageportfolio über eine Million Franken bei der Bank X zu unterhalten, mit der Verwaltung ganz und gar unzufrieden zu sein, und deshalb einen neuen, fähigeren Verwalter sucht. Er macht den neuen Vertrauten auch mit dem Umstand vertraut, dass kein Berufseinkommen vorhanden ist. Mehr gibt er nicht preis. In Tat und Wahrheit beläuft sich das Gesamtvermögen jedoch auf sechs Millionen, welche durch drei verschiedene Banken verwaltet werden – und die Ehefrau verfügt zusätzlich über eigenes Vermögen. Schliesslich fällt monatlich eine erkleckliche Rente einer Versicherungsgesellschaft an, welche alle laufenden Ausgaben zu decken vermag.

Über alle diese Tatsachen wird Stillschweigen bewahrt, und der Klient lässt den Vermögensverwalter im Glauben, die zur Neuverwaltung anstehende Summe von einer Million Franken bilde das Gesamtvermögen des Mandanten. Dieses «Spielchen» ist fatal. Wenn Sie einem Vermögensverwalter Ihr Vertrauen schenken, dann sollten Sie dies auch konsequent in jeder Hinsicht tun. Ihr Berater kann nicht wissen, dass Sie nicht auf laufendes Einkommen aus der zu verwaltenden Million angewiesen sind, doch falls er Verantwortungsbewusstsein besitzt, strukturiert er die Anlagen risikoavers und mindestens teilweise einkommensorientiert. Vielleicht erkennen Sie aufgrund gewisser Fragen Ihres neuen Vermögensverwalters, dass Fehlannahmen gemacht werden, doch da Sie sich über Ihre privaten Verhältnisse (noch) bedeckt halten möchten, berichtigen Sie diese nicht. Die Folge ist unweigerlich, dass Ihr neuer Vermögensverwalter, von dem Sie so viel erwarten, eine Anlagepolitik verfolgt und verfolgen muss, die nicht Ihren Erwartungen entspricht. Folge: Fehlstart.

Zum Zeitpunkt der Etablierung einer neuen Vermögensverwaltungsbeziehung ist es unerlässlich, dass Sie Ihren neuen Vertrauten vollständig über Ihre gesamten Vermögensverhältnisse orientieren. Nur dann ist die Formulierung einer Ihren persönlichen Umständen wirklich entsprechenden Vermögensverwaltungspolitik möglich. Springen Sie über Ihren eigenen Schatten! Wenn Ihnen dies schwerfällt, dann deuten Sie ihrem neuen Partner wenigstens an, dass nur ein Vermögensteil zur Debatte steht.

Ich bin jedoch der Meinung, dass Sie dem falschen Vermögensverwalter gegenübersitzen, wenn Ihnen eine innere Stimme davon abrät, die effektiven Besitzverhältnisse kundzutun. Vertrauen ist der Grundstein einer Beziehung zu einem Vermögensverwalter und nicht dessen Renommee als Geldmacher.

Die wichtigste Hausaufgabe besteht also darin, Ihren gesamten Vermögensstand aufzulisten und diesen Ihrer neuen Bezugsperson zur Kenntnis zu bringen. Auch wenn Sie nur einen Teil Ihres liquiden Vermögens einem Vermögensverwalter zur Betreuung übergeben, ist es wichtig, dass Ihre Auflistung sämtliche Anlagekomponenten enthält. Vergessen Sie dabei Ihre Verpflichtungen wie Kredite, Hypotheken und dergleichen nicht. Ihr Berater muss wissen, was unter dem Strich vorhanden ist, unter Berücksichtigung der Aktiven wie auch der Passiven! Wenn Sie dies tun, wird ein gewaltiges Potential an möglichen zukünftigen Missverständnissen aus dem Weg geräumt.

Einkommenserfordernis und finanzielle Verpflichtungen

Sehr oft wird auch darüber kein Wort verloren. Gewisse Klienten scheinen der Meinung zu sein, es gehe den Vermögensverwalter schliesslich nichts an, was man an Geld ausgibt. Recht haben sie. Geht ihn auch nichts an. Doch wie kann man professionelle Anlagedispositionen treffen, wenn ständig Weisungen für Bezüge, Rechnungsbegleichungen und dergleichen eingehen und der Vermögensverwalter erst aufgrund der Überweisungsanträge zu vermuten beginnt, dass der laufende Lebensunterhalt anscheinend mit dem von ihm verwalteten Geld bestritten wird? Kaum ist eine Anlage getätigt, bezieht der Kunde wieder Geld, und flugs ist ein unerwünschter und zeitlich ungünstiger Verkaufsentscheid notwendig. Diese Sachzwänge müssen Sie unbedingt vermeiden. Die zweite Hausaufgabe besteht also darin, dass Sie Ihren Berater zu Beginn der Beziehung über die voraussichtlichen Einkommenserfordernisse ins Bild setzen. Ihr Vermögensverwalter muss wissen, ob dessen Investitionen Ihren Lebensunterhalt ganz oder teilweise zu finanzieren haben, ob die Zinsbelastung Ihrer Hypothek zu decken ist, ob die Ausbildungskosten Ihrer Kinder erwirtschaftet werden müssen.

Falls der Vermögensteil, welchen Sie Ihrem Verwalter zur Bewirtschaftung überlassen, für die Bestreitung Ihrer laufenden Ausgaben oder eines Teils davon beansprucht wird, müssen Sie dies in Zahlen und nicht mit einem vagen «Vielleicht brauche ich ab und zu etwas Geld» formulieren. Nichts ist für den Vermögensverwalter hinderlicher als ständige unerwartete Bezüge. Sind diese vorbestimmt und geplant, ist das Ganze überhaupt kein Problem. Kommen solche Anweisungen jedoch laufend aus dem heiteren Himmel, schaden Sie sich selbst – und Ihrem Anlageresultat. Es ist nämlich auch für den umsichtigsten Vermögensverwalter keineswegs angenehm, plötzlich gewahr zu werden, dass ein Klient ein Einkommenserfordernis von, sagen wir mal, 100 000 Franken pro Jahr hat, welches durch das anfallende Portfolio-Einkommen nur zur Hälfte gedeckt ist.

Spätestens nach einem flauen Anlagejahr wird dann der Kunde realisieren, dass ein Schrumpfungsprozess in Gang zu sein scheint, ungeachtet dessen, dass er einen Profi eingesetzt hat. Diese ernüchternde Erfahrung können Sie zum vornherein vermeiden, indem Sie Ihren Vermögensverwalter zu Beginn der Beziehung über die durch Sie erwarteten Bezugserfordernisse orientieren. Seien Sie sich jedoch bewusst, dass ein Vermögensverwalter nie begeistert ist, wenn das durch ihn betreute Vermögen ständig für irgendwelche Verbindlichkeiten «angezapft» wird. Trennen Sie Ihre Vermögenswerte in einen zu verwaltenden Unternehmeranteil einerseits und einen Budgetanteil andererseits, aus dem Ihre laufenden Ausgaben und Verpflichtungen zu bestreiten sind. Falls Ihr Lebensunterhalt durch das der Verwaltung unterstehende Vermögen bestritten wird, sollten Sie sich bemühen, vielleicht einmal pro Jahr eine grössere Summe in Ihren Budgetanteil abzudisponieren. Es versteht sich von selbst, dass dieses Vorgehen mit Ihrem Vermögensverwalter abgesprochen werden muss. Ich garantiere Ihnen jedoch, dass Ihnen Ihr Vertrauter für solches Vorgehen dankbar ist und Ihnen selbst oft Spesen erspart bleiben, die im Zusammenhang mit unvorhergesehenen Dispositionen unweigerlich anfallen.

Steueraspekte

Niemand wird gern an Steueraspekte erinnert. Für Ihren Vermögensverwalter ist es jedoch von grösster Wichtigkeit, über ihre Steuersituation im Bild zu sein. Die Detailinformation fliesst in die tägliche Vermögensverwaltung ein. Anlagedepots mit identischer Risiko-Matrix und gleichen Einkommenserfordernissen können aufgrund divergierender Steuervoraussetzungen völlig verschiedene Anlagekomponenten enthalten. Steuereffizientes Anlegen variiert von Land zu Land. Ein kurzfristig realisierter Kapitalgewinn kann für einen Klienten mit Domizil in Deutschland massive Spekulationssteuern zur Folge haben, währenddem ein Schweizer Kunde mit Domizil im Kanton Zürich steuerfrei wegkommt.

Es ist nicht Zweck dieser Zeilen, die domizilabhängigen Unterschiede auszuformulieren. Doch Sie müssen sich bewusst sein, dass es in Ihrem persönlichen langfristigen Interesse ist, Ihre steuerlichen Voraussetzungen zur Sprache zu bringen. Es nützt Ihnen wenig (dem «Steuervogt» vielleicht viel), wenn Sie erst nach zwei Jahren entdecken, dass Ihr Vermögensverwalter eine scheinbar befriedigende Performance erzielt hat, die jedoch zum grössten Teil wegen steuerineffizienter Anlagen an den Staat geht. Geheimniskrämerei über Ihre Steuerbelange lohnt sich bestimmt nie. Leider ist es jedoch an der Tagesordnung, dass ein Vermögensverwalter diese Problematik aus falschen Diskretionsüberlegungen nicht von sich aus anspricht. Tut er das nicht, müssen Sie das Thema von sich aus anschneiden und die Steuerkarten klar auf den Tisch legen. Sie ersparen sich damit langfristig Missverständnisse, falsche Investitionsentscheide und ganz sicher unnötige Steuerabgaben!

Definition des Risikos

Hier liegt des Pudels Kern der zufriedenstellenden langfristigen Beziehung mit Ihrem Berater sowie des Anlageerfolges. Wenn bislang mit Ihren Anlagen nicht alles rund gelaufen ist, so besteht eine relativ grosse Wahrscheinlichkeit, dass die für Sie verfolgte Anlagepolitik mit Ihrem persönlichen Risikoprofil nicht kongruent ist. «Was heisst das?» werden Sie sich fragen. Das eigene Risikoprofil in Worten zu definieren ist, wie schon angetönt, ein fast unmöglich scheinendes Unterfangen. Selbst weiss man zwar aus Erfahrung, wonach man strebt und was man nicht mehr miterleben möchte, doch das genügt eben nicht, um das eigene Risikoprofil darzulegen. Erfahrungsgemäss sind die allerwenigsten Privatklienten in der Lage, diesen Parameter zu definieren. Ohne Hilfe des verantwortungsbewussten Vermögensberaters enden Sie sehr schnell in einer Definitionssackgasse. Das Risikoprofil wird vielleicht mit «konservativ», «spekulativ» (das allerschlimmste!), «wachstumsbezogen» oder «risikoavers» umschrieben. Dies sind allesamt untaugliche Begriffe, um Ihre Risikoakzeptanz, die so wichtig ist für die Definierung der Anlagepolitik, zu formulieren.

Und weil diese Risiko-Selbstdeklaration selbst im Dialog oder schriftlich so fürchterlich schwierig ist, drückt man sich um diese Aufgabe. Praktisch immer! Sie müssen sich jedoch dazu zwingen, diesen Prozess mit der Unterstützung Ihres Vermögensverwalters zu durchlaufen. Selbstverständlich kann sich Ihr persönliches Risikoprofil im Laufe der Jahre verschieben. Vielleicht ändert Ihr Zivilstand, vielleicht verdoppelt sich Ihr Vermögen oder Sie werden selbständiger Unternehmer. Unzählige Umstände können dazu beitragen, dass Ihr Risikoprofil einer Neuformulierung bedarf. Wenn Sie sich jedoch die Annehmlichkeiten (und deren sind viele) eines persönlichen Vermögensverwalters leisten, so haben Sie Anspruch auf eine individuelle Betreuung und Verwaltung.

Obwohl dies immer wieder behauptet wird, können die Erfordernisse von Privatklienten nicht kategorisiert werden. Jeder ist eine eigene Persönlichkeit, und die auf Ihr Vermögen bezogenen Handlungen haben sich auf Ihre persönlichen Verhältnisse auszurichten, nicht einfach auf die einer Person der Kategorie «Privatkunden». Schneiden Sie diesen Punkt an, wenn Sie mit dem Berater Ihrer Wahl die Aspekte der Verwaltungspolitik besprechen, und erwähnen Sie deutlich, dass Sie sich für den Weg der individuellen Vermögensverwaltung entschieden haben, um einer Ihrer persönlichen Risikobemessung entsprechenden Betreuung so nahe wie möglich zu kommen.

Leider ist Ihre persönliche Risikoakzeptanz nicht auf einfache Art und Weise herauszuschälen. Wenn Sie jedoch die vorgehend beschriebenen Vorgaben mit Ihrem Vertrauten offen im Detail besprechen, so wird es für Ihren Vermögensverwalter, der immerhin hinsichtlich der risikobezogenen Einstufung seiner Mandanten Erfahrung hat, möglich sein, Ihre persönliche Risikoakzeptanz verlässlich zu erforschen. Es genügt jedoch nicht, dass Ihr Gegenüber nach lange dauernden Besprechungen zum Schluss kommt, dass er nun Ihre persönlichen Verhältnisse kenne und er die Vermögensanlagen dementsprechend tätigen werde. Schlagen Sie vor, dass er die Einstufung Ihrer Risikoakzeptanz schriftlich festlegt. Dies erfolgt im beiderseitigen Interesse. Die fragliche Aktennotiz sollte gegenseitig unterschrieben werden, denn es ist für das zukünftige, erfolgreiche Zusammenarbeiten essentiell, dass beide Seiten zu dieser Risikoeinstufung stehen und diese als Basis der Anlagepolitik betrachten. Denken Sie daran, dass Ihre Risiko-Matrix nichts mit Ihren Wunschvorstellungen hinsichtlich Performance zu tun haben darf.

Ihre risikobezogene Selbstdefinierung muss einerseits die auf den Seiten 41–47 dargelegten objektiven Voraussetzungen berücksichtigen, jedoch zusätzlich die Ihnen persönlich entsprechenden subjektiven Aspekte beinhalten, welche nur im persönlichen Gespräch erforscht werden können. Das Ganze ist gar nicht so kompliziert, wie es scheint, unter der Voraussetzung, dass Sie bereit sind, Ihre persönlichen Verhältnisse sowie Ihre Erfahrungen hinsichtlich Ihrer Geschäfts- und Bankbeziehungen Ihrem neuen Vertrauten so detailliert wie nur möglich darzulegen. Hört dieser nur unwillig zu, dann fragen Sie ihn doch ganz direkt, ob er denn Ihrer Risikoakzeptanz gewahr sei. Sie können sich die Mühe und die Kosten eines persönlichen Beraters ersparen, wenn Sie nur in «Kategorientöpfe» geschmissen werden. Beharren Sie also darauf, dass Ihr Profil zu Beginn der Beziehung erarbeitet und definiert wird. Sie werden es nicht bereuen, und die zukünftigen Anlageergebnisse werden viel einfacher zu beurteilen sein.

300
260
220

Die Zusammenarbeit

Um es gleich vorwegzunehmen: Rufen Sie Ihren Vermögensverwalter so selten wie möglich an! Im Idealfall sollte dies lediglich ein- bis höchstens zweimal pro Jahr der Fall sein – dann nämlich, wenn Sie einen Termin zur Besprechung Ihrer Vermögensverwaltung vereinbaren möchten. Wenn Ihr Verhältnis zu Ihrem Berater stimmt und dieser sich hinsichtlich der zu befolgenden Politik im klaren ist, sind mehr als zwei Besprechungstermine pro Jahr überflüssig und – glauben Sie mir! – wider Ihre Interessen. Bestandesaufnahmen in zu kurzen Intervallen führen oft zu Fehlbeurteilungen.

Auch der beste Anlageentscheid fällt nie auf dem absoluten Kurstiefst, aber vielleicht ein Quartal vor diesem idealen Zeitpunkt, was weiss Gott immer noch auf ein professionelles Verhalten schliessen lässt. Meldet sich der Klient jedoch monatlich oder – noch schlimmer – wöchentlich, so beginnt dieser an der sich im nachhinein als gut erweisenden Anlage zu zweifeln, bevor auch nur an eine Zwischenbeurteilung gedacht werden kann. Das Börsengeschäft ist leider für viele Anleger, auch wenn diese einen professionellen Vermögensverwalter beiziehen, ein Hobby, welchem nur allzu oft täglich gefrönt sein will. So erliegen sehr viele Klienten der Versuchung, laufend mir ihrem Money-Manager zu fachsimpeln, eigene Ideen einzubringen und laufend den Stand der Dinge zu überwachen.

Ich möchte Ihnen den Spass an der Börse nicht verderben, doch wenn Ihre Vernunft Ihnen sagt, dass es in Ihrem langfristigen materiellen Interesse liegt, einen Profi gegen jährliche Honorierung zuzuziehen, dann lassen Sie diesen in Ruhe seine Arbeit verrichten. Die vorgängig vermittelten Kommentare unter «Die Meinungsäusserung» sollten Sie beherzigen. Lassen Sie Ihren Vertrauten wirken. Wenn Ihnen Ihr Gärtner einen neuen Aprikosenbaum pflanzt, beginnen Sie sich schliesslich nach zwei Wochen auch nicht zu wundern, warum noch keine Früchte am Baum hängen. Hüten Sie sich also davor, öfter als zweimal pro Jahr den «Fruchtstand» des Anlageerfolges zu prüfen. Noch besser sind Einjahresintervalle – vorausgesetzt natürlich, dass Ihr Verhältnis zu Ihrem Vermögensverwalter von uneingeschränktem Vertrauen geprägt ist.

Dass Sie Ihren Berater relativ selten zu detaillierten Statusbesprechungen sehen, heisst jedoch keineswegs, dass Sie sich zwischenzeitlich nicht um den Lauf der Dinge kümmern dürfen. Falls die Weisungen dahingehend lauten, dass Ihnen die Bankkorrespondenz laufend zugesandt wird, können Sie die Verwaltungsaktivität durchaus mitverfolgen, als Zaungast quasi. Vielleicht entdecken Sie dabei mal einen Investitionsentscheid, der Ihnen nicht im Einklang mit der vereinbarten Verwaltungspolitik zu sein scheint. Trifft dies zu, so greifen Sie ruhig zum Telefon. Doch beschränken Sie Ihre Anfrage auf die spezifische Unklarheit, die vorliegt. Fragen Sie nicht noch nebenbei nach der Monatsperformance oder dergleichen. Sich zurückzuhalten mag Ihnen schwerfallen, doch liegt das in Ihrem eigenen Interesse!

Nach Jahren der Erfahrung muss ich ganz klar zum Ausdruck bringen, dass ein Anlageklient, der seinem Verwalter uneingeschränkt vertraut, zweifelsfrei die besten Resultate erzielt, wenn eine strikte «Laisser-faire»-Politik befolgt wird und die Kontaktfrequenz mit dem Profi tief gehalten wird. Steht eine Besprechung an, dann müssen Sie sich auf diese Besprechung vorbereiten. Stellen Sie sich einen Katalog Ihrer Fragen und Besprechungspunkte zusammen, machen Sie sich Gedanken darüber, ob sich Ihre persönlichen Verhältnisse verändert haben und Änderungen hinsichtlich der Risikoakzeptanz und Anlagepolitik zu erörtern sind. Sehen Sie jedoch davon ab, subjektive Themen, wie Politik und dergleichen, im Rahmen Ihrer offiziellen Besprechung anzuschneiden. Derartiges sollte besser während eines nachfolgenden Entspannungslunches aufs Tapet kommen, doch denken Sie hierbei an die im Kapitel «Die Rolle der Psychologie» beschriebenen Warnungen. Ihre Besprechungen sollten Ihnen erlauben, nüchtern und objektiv zu beurteilen, ob das vorliegende Anlageresultat in Relation zur vereinbarten Anlagepolitik befriedigt.

Dies gilt in guten wie in weniger erfreulichen Zeiten. Jedes Zwischenresultat muss einer Evaluierung standhalten können. In Haussezeiten lässt man sich vielleicht dazu verleiten, die durch den Vermögensverwalter vorgelegte Wertsteigerung zu unterschätzen, während ein Nullresultat – ungeachtet des widrigsten Börsenumfeldes – sehr schnell als schlecht abgetan wird. Urteilen Sie erst nach objektiver und wirklichkeitsbezogener Gegenüberstellung des Anlageresultates mit der Finanzmarktentwicklung einerseits sowie der vereinbarten Politik und den Vorgaben andererseits, welche Strategien durch Ihren Verwalter zu befolgen sind. Das absolute Resultat per se ist nicht sehr aussagekräftig. Eine fünfzehnprozentige Wertsteigerung kann durchaus ein schlechtes Resultat sein, und ein Nullergebnis kann einen Erfolg darstellen. Seien Sie jedoch auf der Hut, wenn Ihnen Ihr Vermögensverwalter ein enttäuschendes Ergebnis mit allzu vielen Grafiken «erklären» will. Es gibt immer irgendeine Grafik, die einem weismachen kann, dass selbst eine miese Investition «relativ» gut war.

«Geldmaschine» oder Vertrauter?

Vor der Wahl eines Vermögensverwalters müssen Sie sich darüber im klaren sein, dass es Ihnen nicht möglich sein wird, einen Berater zu finden, der sowohl «Geldmaschine» als auch Vertrauter ist. Sie müssen sich entscheiden, ob Sie einen privaten Vermögensverwalter wollen, der sich nicht nur mit Ihrem Geld, sondern auch mit Ihnen als Mensch befasst, oder ob Sie einen reinen Geldmacher bevorzugen, der nur zur Optimierung des finanziellen Fortschrittes eingesetzt wird.

Die heutige Finanzwelt ist sehr viel komplexer, als dies vom privaten Anleger wahrgenommen wird. Das Spektrum der Investitionsmöglichkeiten ist riesig. Es ist heute auch dem cleversten Anlagespezialisten nicht möglich, mit allen Sparten der Finanzsphäre vertraut zu sein oder deren relative Attraktivität verlässlich zu beurteilen. Niemand verfügt über Marktgefühl von Neuseeland bis Uruguay, ist Devisenspezialist, angefangen beim Dollar und hin bis zum Zloty, kennt die Tücken des Getreidehandels und die Volatilität der Hartmetalle, beurteilt die Zinsentwicklung richtig und ist vertraut mit den Aspekten des Terminhandels. Allroundgenies gibt es nicht in diesem Beruf. Wer vorgibt, eines zu sein, überschätzt sich oder ist ein Lügner.

Unzweifelhaft gibt es in jedem Bereich der Finanzwelt ausgewiesene Spezialisten, ja sogar Genies. Ein Devisenhändler, der sich tagaus, tagein mit nichts anderem befasst als dem Dollar/D-Mark-Wechselkurs, erkennt sich abzeichnende Trendveränderungen besser als ein Allrounder. Ein Vermögensverwalter in São Paulo ist naturgemäss über lateinamerikanische Aktienmärkte besser orientiert als sein Pendant in Zürich. Das liegt auf der Hand. Für Sie, als Investor, resultiert jedoch ein grosser Konflikt. Einerseits möchten Sie von jemandem individuell betreut werden, dem Sie absolutes Vertrauen entgegenbringen. Sie wollen einen privaten Vermögensverwalter, der Ihre persönlichen Verhältnisse kennt und Ihr Geld vertrauenswürdig anlegt, so als wäre es sein eigenes Vermögen. Andererseits jedoch hoffen Sie, dass Ihre Finanzmittel klug und zeitgemäss investiert und die Möglichkeiten des materiellen Fortschritts optimiert werden. Sie haben keine andere Wahl, als einen Kompromiss einzugehen. Ein privater Vermögensverwalter, der sich nicht nur um Ihre Anlagen kümmert, sondern gleichzeitig als eine Art moderner Privatsekretär fungiert, kann durchaus über die Agilität verfügen, Neuem gegenüber (beispielsweise den neuen, aufstrebenden Märkten) offen und lernwillig zu sein. Doch eine Grosszahl von wichtigen Privatklienten wirklich individuell zu betreuen und gleichzeitig ein Spezialist aller denkbaren Finanzinstrumente zu sein, ist ganz einfach nicht möglich.

Es gibt deshalb für Sie drei Möglichkeiten, Ihr Vermögen professionell verwalten zu lassen:

- Sie überlassen die Vermögensverwaltung Ihrem individuellen Berater und vereinbaren die nötigen Richtlinien im Einklang mit den vorgängig empfohlenen Punkten.

- Sie entscheiden selbst, in welche Anlagekategorien Ihr Geld fliessen soll (z. B. in US-Aktien, in Dividendenpapiere aufstrebender Märkte, in festverzinsliche Anlagen etc.), und Sie kaufen Anteile von Fonds, welche durch Spezialisten verwaltet werden. Die Schwierigkeit für Sie liegt hier darin, dass Sie erstens in der Lage sein müssen abzuschätzen, welche Sektoren zum Zeitpunkt der Anlage aussichtsreich sind, und dass zweitens die noch schwierigere Aufgabe auf Sie wartet, die Spezialistenwahl zu treffen. Es gibt Zehntausende von Spezialisten für amerikanische Aktien. Aber wer kennt die einzelnen Könner? Die erfolgversprechende Auswahl solcher Sektorspezialisten ist ein Fachgebiet in sich selbst. Vertreter dieses Berufszweigs konsultiere ich in meiner eigenen Berufstätigkeit oft. Falls Sie sich somit allein an diese zweite Variante wagen, werden Sie langfristig kaum von Glück begleitet sein. Es bedarf eines immensen Fachwissens, um die «Asset Allocation» vorzunehmen (die Zuteilung Ihrer Vermögensteile an spezifische Anlagesektoren) und um fähige und seriöse Spezialisten zu finden, die sich kompetent der Verwaltung der einzelnen Segmente widmen.

- Sie wählen einen individuellen Vermögensverwalter, der Sie ausschliesslich im Rahmen der zweiten Variante berät. Dies ist eine zeitgemässe, kluge Variante. Sie setzt jedoch unternehmerisches Denken voraus und bedingt, dass die zur Anlage vorgesehenen Mittel mindestens für einige Jahre unangetastet bleiben. Durch dieses Vorgehen ist Ihnen gewiss, dass Ihr Geld einerseits durch einen professionellen, Ihr Vertrauen geniessenden Vermögensverwalter einer spezifischen Anlagesparte zugeführt wird und andererseits im Tagesgeschehen einem Spezialisten eines Anlageteilbereichs untersteht. Dieser widmet sich zu 100% seinem Spezialbereich (Aktienanlagen in Hongkong oder Brasilien beispielsweise). Es wird von diesem nicht erwartet, dass er auch nur einen Bruchteil seiner Zeit dazu aufbringt, seine Geldgeber, sprich Sie als Klienten, zu sehen oder zu sprechen.

Ich erachte letzteres Vorgehen je länger, desto mehr als die klügste aller Varianten, doch sie bedingt eine gewisse Professionalität der Klienten. Mancher Kunde stösst sich auch an der höheren Gebührenbelastung, weil die übliche Vermögensverwaltungsgebühr durch jene der Spezialisten kumuliert wird. Der Vorteil jedoch, im Endeffekt in jeder Sparte von einem Fachexperten betreut zu sein, überwiegt die höheren Verwaltungskosten. Primär sollte Sie ja nicht interessieren, was Ihre Beratung kostet, sondern was Sie als Klient unter dem Strich verdienen. Leider wird dieser Punkt oft vergessen. Was nützt Ihnen eine billige Beratung, die schlecht ist?

Was kostet die Vermögensverwaltung?

Dienstleistungen kosten Geld. Niemand erwartet ernsthaft, dass einem ein Reisebüro über die geplante Ferienreise berät, die Buchungen vornimmt, die nötigen Dokumente ausstellt – und nichts verdient. Es ist auch eine Selbstverständlichkeit, dass jede einzelne Stunde einer juristischen Beratung in Rechnung gestellt wird. Ein Psychiater mag zwar nur stundenlang Zuhörer gespielt haben, doch eine Rechnung dafür folgt wie das Amen in der Kirche. In der Vermögensverwaltung scheinen oft andere Wertmassstäbe zu gelten. Es kommt in meinem Berufsstand nicht selten vor, dass sich Klienten, welche die Dienstleistung einer Vermögensverwaltung suchen, nicht bereit sind, dafür eine Gebühr zu entrichten. Manchmal schlägt ein Klient originellerweise vor, eine Verwaltungsgebühr eventuell im nachhinein in Erwägung zu ziehen und je nach Erfolg jährlich festzulegen. Wie würde Ihr Zahnarzt Ihren Vorschlag kommentieren, dass Sie die neue Goldkrone je nach Kauerlebnis honorieren möchten? Wahrscheinlich wäre das Dienstleistungsverhältnis zu Ende.

Eine professionell gestaltete, private Vermögensverwaltung ist eine sehr aufwendige, kostenintensive Dienstleistung, deren Honorierung nicht nur angebracht, sondern selbstverständlich ist. Viele vermögende Anleger sind sich gar nicht bewusst, dass der Erfolg ihrer Investments materiell wichtiger sein kann als das unter grossem Aufwand jährlich erwirtschaftete Berufseinkommen. Einige wenige, gute Anlageentscheidungen des Vermögensverwalters haben sehr oft eine grössere Tragweite als monatelange, intensive Berufstätigkeit. Ein einziger Entscheid – beispielsweise, die Dollaranlagen in Ihrem Portfolio abzusichern – kann die jährliche Vermögensverwaltungsgebühr um ein Mehrfaches aufwiegen. Wenn Sie die Wertentwicklung Ihrer Anlagen im Laufe der vergangenen Jahre prüfen, so werden Sie zur Konklusion kommen, dass ein schlechtes Jahresergebnis nie aufgrund einer zu teuren Verwaltungsgebühr zustande kam und eine sehr gute Performance auch nie durch solche Kosten massgeblich reduziert wurde. Glauben Sie mir: Meistens sind es wenige Kardinalentscheidungen, welche für Ihren Anlageerfolg verantwortlich sind – primär währungs- und zinsbezogene Positionierungen. Es spielt für Sie keine Rolle, ob Ihr Vermögensverwalter zwanzig Börsentransaktionen vollziehen musste, um 100 000 Franken zu verdienen, oder ob dieser den nämlichen Betrag durch einen einzigen Währungsentscheid erwirtschaftet hat. Was zählt, ist der Erfolg. Dauernder Erfolg. Und dieser hat wiederum seinen Preis in Form einer Verwaltungsgebühr.

Was ist ein angemessener Preis? Die Gesamtkosten der privaten Vermögensverwaltung belaufen sich erfahrungsgemäss auf ungefähr 1¼% des verwalteten Vermögens pro Jahr, unabhängig davon, ob die Gelder in Amerika, Hongkong oder Europa betreut werden. Der Unterschied besteht lediglich darin, dass in gewissen Ländern (im angelsächsischen Raum) eine Gebühr von etwa 1½% verlangt wird, während anderswo, z. B. in der Schweiz, (noch) diverse Einzelkosten anfallen, welche leider nicht sehr transparent sind. Diese teilen sich einerseits in die abwicklungs- und verwahrungstechnischen (Bankspesen) Kosten und die eigentlichen Verwaltungsgebühren. Tatsache ist jedoch, dass die Gesamtkosten für den Privatklienten ziemlich genau gleich sind, unabhängig davon, ob das Konto in Übersee oder in der Schweiz verwaltet wird. Die Transparenz spricht jedoch für das angelsächsische System, wo Sie zu Beginn des Jahres genau wissen, was an Spesen auf Sie wartet: rund 1¼–1½% des verwalteten Vermögens, was den gesamten administrativen Aufwand wie auch die Verwaltungstätigkeit deckt. In der Schweiz beläuft sich die Vermögensverwaltungsgebühr für Privatklienten im allgemeinen auf ½–¾% pro Jahr, wobei es heute für Sie als Anleger (noch) schwierig ist zu evaluieren, was zusätzlich an Bankspesen anfällt. Bei einem typischen Depot, welches einer individuellen Vermögensverwaltung untersteht, muss man heute mit bankbezogenen Kosten von etwa ¾% pro Jahr rechnen. Es versteht sich, dass die bankbezogenen Kosten anfallen, ob Ihr Portfolio von Ihnen selbst oder von einem Vermögensverwalter betreut wird.

Die Vermögensverwaltungsgebühr ist meistens – aber durchaus nicht immer – gut investiertes Geld. Wie in allen Berufszweigen gilt auch im Geldgeschäft die Binsenwahrheit, dass es geniale, gute, durchschnittliche, schlechte und unbrauchbare Anbieter von Leistungen gibt. Für schlechte Beratung ist jegliche Gebühr zu hoch, doch es gibt in jedem Land eine beträchtliche Anzahl äusserst fähiger Vermögensverwalter, für deren Tätigkeit eine Gebühr in obigem Rahmen sehr gut investiertes Geld ist. Zweifellos können ein paar wenige gute Entscheidungen die Verwaltungskosten vieler Jahre aufwiegen. Stossen Sie sich deshalb nicht an einer Gebühr von ½ oder ¾% pro Jahr, auch wenn Ihnen diese zuweilen in absoluten Zahlen happig erscheint.

In letzter Zeit ist es mehr und mehr zur Usanz geworden, dass eine erfolgsabhängige Gebühr in Rechnung gestellt (oder vom Klienten gewünscht) wird – typischerweise 10% (in den USA 20%) des erwirtschafteten Erfolgs, welche zusätzlich zu einer Fixgebühr anfällt. Grundsätzlich ist nichts gegen eine solche Gebührenregelung einzuwenden, zumal eine erfolgsabhängige Verwaltungsgebühr dem Money Manager zusätzliche Anreize vermittelt. Das Problem liegt aber im Interessenkonflikt des Beauftragten, indem die Gefahr besteht, dass auch zu Unzeiten relativ aggressiv investiert wird, in der Hoffnung, die Gewinnbeteiligung zu maximieren. Geht's gut, streicht der Verwalter möglicherweise eine erkleckliche Verwaltungsgebühr ein. Fällt jedoch der Anlagewert, so verdient der Verwalter immer noch die Basisgebühr, den

Verlust trägt aber der Klient allein! Nach einem Rückschlag muss der Vermögensverwalter den fraglichen Buchverlust erst wieder einbringen, um sich erneut die Möglichkeit einer Gewinnbeteiligung zu schaffen. Dies verursacht jedoch erneut einen Interessenkonflikt, denn es liegt nahe, dass unter diesen Voraussetzungen zu aggressiv investiert wird, dies in der Hoffnung, so schnell wie möglich wieder in die Zone der Gewinnbeteiligung zu gelangen.

Das Verdienstpotential zu Haussezeiten ist für einen Vermögensverwalter mit Erfolgsbeteiligung beträchtlich, und so ist es nicht verwunderlich, dass die amerikanische Praxis der Gebührenberechnung langsam auch bei uns Fuss fasst. Seien Sie sich jedoch des Konfliktpotentials solcher Konditionen bewusst und zahlen Sie vielleicht lieber eine scheinbar etwas erhöhte fixe Vermögensverwaltungsgebühr. In guten Zeiten werden Sie auch so gut verdienen, doch zu Zeiten schlechter Anlageaussichten wird Ihr Verwalter ohne jeglichen Eigenkonflikt in der Lage sein, «Kasse» zu machen, grosse Vermögensteile liquide zu halten und Sie vor Verlusten zu bewahren. Wägen Sie deshalb sehr vorsichtig ab, welche Gebührenvariante zur Anwendung kommen soll. Die traditionelle Privatkundschaft, die eher eine Gesamtberatung als eine «Geldmaschine» sucht, fährt mit einer Fixgebühr besser und geht delikaten Interessenkonflikten aus dem Weg.

Die Vermögensverwaltung, die nichts kostet

«Endlich!» werden Sie sagen. «Nun kommt doch noch der Hinweis, wie man kostenlos zu einer professionellen Vermögensberatung kommt.» Richtig! Es besteht effektiv die Möglichkeit, eine Beraterfunktion zu wählen, welche professionell und zugleich von einer Verwaltungsgebühr befreit ist: jene des Brokers nämlich. Tausende von Anlegern bedienen sich dieser Dienstleistung, und sehr oft ist der Kostenaspekt die einzige Motivation, diesen Weg der Beratung einzuschlagen. Falls Sie bei einem amerikanischen oder japanischen Brokerhaus ein Konto eröffnen, sparen Sie im allgemeinen die Verwahrungsgebühr Ihrer Wertschriften, die Transaktionsgebühren Ihrer Hausbank sowie das Verwaltungshonorar eines Vermögensverwalters. Diese scheinbaren Kostenvorteile locken viele Privatinvestoren in den Schoss eines Brokerhauses.

Eröffnen Sie ein Brokerkonto, so werden Sie umgehend und intensiv durch einen Mitarbeiter der fraglichen Brokerfirma umsorgt. Sie werden wahrscheinlich täglich durch Ihren Broker angerufen und über den durch ihn abgedeckten Markt informiert. Der Visitenkarte Ihres Beraters werden Sie auch dessen Titel entnehmen können:
«Salesman» wird da im allgemeinen stehen, und genau diese so unschuldig scheinende Bezeichnung der Tätigkeit sollte Sie vorsichtig stimmen. Ein Salesman ist ein Verkäufer. Jeder Verkäufer (manchmal auch «Verkaufsvertreter» genannt) will Umsatz machen, denn er lebt primär von Verkaufsprovisionen und nicht von einem Fixsalär. Verkauft jemand Autos, Kühlschränke oder Pullover, geht das natürlich in Ordnung, doch wenn jemand Dienstleistungen anbietet, wie beispielsweise Vermögensberatung (oder Versicherungen!), baut sich ein Interessenkonflikt auf. Ein Broker-Salesman kann es sich ganz einfach nicht leisten (im richtigen Sinne des Wortes), Ihnen eine kurz-, mittel- und langfristig aussichtsreiche Aktie zu empfehlen, die Sie womöglich zehn Jahre halten und mit der Sie ein Vermögen verdienen. Ein Broker-Salesman lebt vom Anteil der Broker-Provision, die bei jeder Transaktion anfällt. Seine Kasse klingelt nur, falls Sie kaufen oder verkaufen. Dieses oder jenes, aber bitte nicht untätig sein, das heisst, eine Position jahrelang halten. Das ist unfair – findet der Salesman. Bitte verstehen Sie mich nicht falsch. Es ist nicht so, dass ich die Dienstleistung eines Broker-Beraters geringschätze. Ich kenne sehr viele äusserst intelligente Broker, die, notabene, auch sehr viel Geld verdient haben. Das Problem liegt ganz einfach im Umstand, dass ein Broker gezwungen ist, Umsatz zu generieren, es sei denn, er arbeitet aus reinem Spass. Das kommt leider nicht allzu oft vor. Überlegen Sie sich genau, warum Sie Ihre Anlageentscheidungen aufgrund der Beratung eines Brokers treffen. Ist der Kostenaspekt massgebend, so sollten Sie umgehend die

«Hello People»: Telefonieren Sie jetzt
bis zu 35 % günstiger
in der Schweiz und
ins Ausland.

swisscom

Ihr Vorteil mit «Hello People»:

- Auf den **7 Nummern** im Fernbereich der Schweiz und/oder im Ausland mit den höchsten Gesprächskosten gewährt Ihnen Swisscom auf alle Verbindungen folgenden Rabatt: **35 % auf die Top-Nummer mit den höchsten und je 25 % Rabatt auf die Nummern mit den nächsthöchsten monatlichen Gesprächskosten.**
- Die rabattberechtigten Nummern werden durch Swisscom monatlich **automatisch** für Sie ermittelt und entsprechend rabattiert.

Gebühren und Kündigungsfrist:

- Die monatliche Gebühr für «Hello People» beträgt CHF 3.– (inkl. MWST).
- Die Kündigungsfrist für «Hello People» beträgt 30 Tage.
- Es besteht keine Mindestvertragsdauer.

Ihre Gratisnummer:

0800 86 87 88.

swisscom

Servicenummern

swisscom

Anschluss unter diesen Nummern

Notrufnummern

112	Europäische Notrufnummer	–.20
117	Polizeinotruf	–.20
118	Feuerwehr	–.20
140	Strassenhilfe	–.20
143	Die Dargebotene Hand	–.20
144	Sanitätsnotruf (ausser FR, GR, NE)	–.20
1414	Rega/Rettungsflugwacht	–.20

Informationen

110	Telefonische Telegrammaufgabe	Gratisanruf
175	Störungsmeldung im Telefondienst	Gratisanruf
	Nationaler Auskunftsdienst	
111	Schweiz	1)
	Internationaler Auskunftsdienst	
1151	Österreich	1)
1152	Deutschland	1)
1153	Frankreich	1)
1154	Italien	1)
1159	Übrige Länder (nur Eintrittsgebühr)	1)
	Internationale Vermittlung	
1141	Alle Länder	Gratisanruf + ordentliche Gesprächsgebühr

Sport

164	Sportresultate, Toto, Lotto	–.50/Anruf und Min.

1) Eintrittsgebühr 1.10 Tag, 1.80 Nacht / Wochenende / Feiertage + Fernbereich
2) –.50/Anruf und Min.

Wetter / Strassen

162	Wetterprognosen	–.50
163	Strassenzustand, Verkehr	–.50
187	Lawinenbulletin	–.50

Zeit

161	Sprechende Uhr	–.50
150	Automatischer Weckdienst	–.50
0848 800 150	Aufträge für Dauerweckdienst	Fernbereich

Unterhaltung

1600	RegioInfo	–.50/Anruf und Min.
0800 800 404	Aufträge für RegioInfo	Gratisanruf

! Änderungen

157 120 120	Skipisten- und Loipenberichte	früher 120	–.86/Min.
0900 900 123	Kinoprogramme	früher 122-124	2)
0900 55 60 00	Nachrichten	früher 167-169	2)
0900 55 66 55	Landesindex (LIK)	früher 129	2)
1600	Regionale Meldungen	früher 180-186	2)
1600	Information über Ausstellungen	früher 188-189	2)

Die aufgeführten Tarife sind nur für das Fixnetz gültig.
Alle Angaben inkl. MWST. Änderungen bleiben vorbehalten.

Der freie Markt der Telekommunikation führt auch zu einer Änderung der Swisscom Servicenummern. Alles über die neuen Anschlüsse entnehmen Sie hier - und damit Sie nie vergessen, unter welcher Nummer wir ab sofort rund um die Uhr zur Verfügung stehen, bewahren Sie diese Karte doch einfach auf. Nähere Informationen erteilen wir Ihnen gerne unter der Gratisnummer **0800 827 827**.

Visitenkarte Ihres Brokers zur Hand nehmen und sich den Titel Ihres Beraters oder Ihrer Beraterin vergegenwärtigen: «Salesman» oder «Sales Executive» oder ähnliches steht da schwarz auf weiss. Ein Salesman verkauft Ihnen etwas und hat keine Motivation, Sie nur zu beraten. Es ist mir ein Rätsel, warum alle führenden Brokerhäuser ihre Frontleute offen und ehrlich «Salesman», «Verkäufer», nennen. Das ist sehr ehrenhaft, doch fast naiv. Sie können Gift darauf nehmen, dass es nie vorkommen wird, dass sich eine durch Ihren Broker empfohlene Aktie verdoppelt – es sei denn, Ihr Salesman habe die fragliche Brokerfirma verlassen und Ihre Anlage sei deshalb in Vergessenheit geraten. Halten nach dem Kauf ist tabu. Nach einem zehnprozentigen Kursanstieg wird wahrscheinlich ein Verkauf nahegelegt oder zumindest eine Verkaufslimite erwogen. Ist die Aktie dann verkauft, hat der Broker sogleich eine Reinvestitionsidee zur Hand. Die Frage, ob die neue Empfehlung denn attraktiver sei als die zur Veräusserung stehende Aktie, wird kaum je erörtert. Im allgemeinen versteckt sich der Broker hinter der Platitüde, noch nie sei jemand an einer Gewinnrealisierung gestorben.

Ein weiterer Nachteil einer Brokerberatung besteht darin, dass diese oft (durchaus nicht immer) auf einen einzigen Börsenplatz beschränkt ist, beispielsweise die USA oder Japan. Vielleicht ist die Zeit jedoch ungünstig, um in diesen Märkten anzulegen, doch Ihr Broker-Salesman ist sich dessen nicht bewusst oder ignoriert aussichtsreiche Investitionsmöglichkeiten, weil ihm diese kommissionsmässig nichts einbringen. Lassen Sie sich vom Broker mit Finanzstudien versorgen. Machen Sie sich das Wissen der führenden Brokerhäuser zunutze, indem Sie so Ihren Wissensstand verbessern. Vielleicht sind sie dann besser in der Lage abzuschätzen, ob beispielsweise die deutsche Pharmafirma Merck eine aussichtsreichere Anlage darstellt als die schweizerische Konkurrenzfirma Roche. Entscheiden Sie sich dann aufgrund der Finanzstudien des Brokers für einen Kauf oder Verkauf eines Wertpapiers, so geben Sie Ihrer Depotbank die Weisung, Ihre Aufträge durch Ihren Brokerfreund auszuführen, so dass dieser von seiner Dienstleistung profitiert.

Treffen Sie Ihre Anlageentscheidungen jedoch nicht im täglichen Dialog mit Ihrem Broker (Salesman), selbst wenn Sie Vermögensverwaltungskosten sparen. Eine solche Beziehung leidet praktisch immer unter dem Interessenkonflikt Ihres Brokers. Falls Sie sich jedoch in der Finanzwelt genügend auskennen, um Ihr Vermögen selbst zu verwalten, so beschränken Sie sich darauf, von Ihrem Broker spezifische Gesellschaftsstudien anzufordern, welche Sie dann in eigener Regie beurteilen. Ignorieren Sie die Basisempfehlung Ihres Brokers und beachten Sie nur die firmenspezifischen Fakten, aufgrund deren Sie einen eigenen Entscheid treffen, den Sie Ihrer Depotbank übermitteln, gekoppelt mit der Weisung, durch welchen Broker gehandelt werden soll. Die Eröffnung eines Wertschriftenkontos bei einem Broker verunmöglicht jedoch ein solches Vorgehen, da Sie der freien Wahl der Studienquellen wie auch der spezifischen Börsenplätze Ihrer Anlagen beraubt sind. Falls Sie also nicht gewillt sind, ein Vermögensverwaltungshonorar auszusetzen, so vermeiden Sie es, die Gratisberatung eines Brokers zu suchen. Eine solche kommt Sie indirekt unweigerlich teurer zu stehen.

So verwalten Sie Ihren Verwalter

Auch wenn Ihr persönlicher Berater noch so smart ist – auch er kocht nur mit Wasser! Es kann gefährlich sein, selbst dem hochkarätigsten Vertrauten gewissermassen berufshörig zu sein und unvoreingenommen alles als bare Münze zu akzeptieren, was er Ihnen auftischt. Um zu vermeiden, dass Ihre Beziehung früher oder später vornehmlich durch Ihren Vermögensberater diktiert wird, müssen Sie gewisse Anforderungen an sich selbst stellen. Sie müssen das durch Sie vergebene Mandat aktiv überwachen und so Ihren Vermögensverwalter quasi verwalten. Das mag auf den ersten Blick eigenartig erscheinen. Die nachfolgenden Ratschläge machen meine Empfehlung aber plausibel.

Ratschlag 1:
Besuchen Sie Ihren Vertrauten nicht zu oft. Das habe ich Ihnen an anderer Stelle bereits nahegelegt. Allzu häufige Besprechungen und Erfolgsbeurteilungen sind unproduktiv. Falls die für Ihr Vermögen anzuwendende Anlagepolitik klar definiert und vereinbart ist und Sie keinerlei Zweifel hegen, dass Sie bei Ihrem Berater an der richtigen Adresse sind, dann ist es unnötig, Ihre Anlagebelange mehr als zweimal pro Jahr im Detail persönlich zu besprechen. Sehen Sie auch davon ab, hin und wieder – so ganz nebenbei – Ihren Profi anzurufen, um halt doch den Tageswert der Anlagen zu erfahren. Der Tageswert des Depots ist irrelevant. Vergessen Sie nicht: Sie sind Unternehmer und jagen nicht Eintagsfliegen.

Ratschlag 2:
Ihre Besprechungstermine bedürfen der Vorbereitung. Stellen Sie sich nie auf den Standpunkt, Ihr Profi-Berater sei eine Primadonna, führe das Gespräch und setze Ihnen auseinander, warum das Rad rund ist. Vor Ihrer halbjährlichen oder jährlichen Standortbestimmung müssen Sie unbedingt eine Checkliste erstellen. Auf ihr listen Sie alle Aspekte auf, die Sie beschäftigen. Es ist gewiss jedesmal unerlässlich, die geltenden Anlagerichtlinien zu hinterfragen und den Anlageerfolg im Lichte der Vorgabe zu beurteilen. Wenn sie es versäumen, schriftlich alle Themen zu fixieren, die Sie zu besprechen wünschen, wird ihr Jahrestreffen schnell zu einem unverbindlichen Plauderstündchen. Ich unterstelle keinem seriös arbeitenden Vermögensverwalter, dass er mit kulinarischen Tricks von der Besprechung wesentlicher Aspekte ablenken will. Doch es ist eine immer wiederkehrende Tatsache, dass Klienten nach ihrem Jahresmeeting frustriert einen Korb unbeantworteter Fragen nach Hause tragen, wenn sie sich die Mühe, eine Traktandenliste zu erstellen, ersparten. Die Erfordernisse von Privatklient zu Privatklient variieren stark. Ein standardmässiges Vorgehen ist dem Ver-

mögensberater daher nicht möglich. Nehmen Sie deshalb das Heft in die Hand! Neben der Hinterfragung der geltenden Anlagerichtlinien sollte anlässlich jedes Besuches auch die Aufgabe des Vermögensverwalters neu beurteilt werden. Fragen Sie sich und ihn, ob der Berater die Aufgabe erfüllt. Haben sich Ihre persönlichen Verhältnisse oder Ihre Erwartungshaltung verändert, ist es unerlässlich, dass die neue Aufgabenstellung definiert und auch schriftlich festgehalten wird. Verzichten Sie darauf, so werden Sie in ein paar Jahren unmöglich in der Lage sein, Erfolg oder Misserfolg der für Sie getätigten Anlagen objektiv zu beurteilen.

Ratschlag 3:
Vermeiden Sie auf jeden Fall Geheimniskrämerei über Ihre Vermögensverhältnisse! Halten Sie Ihren Vertrauten hinsichtlich des Geschäftsgangs, Ihrer Lebenskosten, Veränderungen im Zivilstand etc. auf dem laufenden! Es ist durchaus möglich, dass Veränderungen eine Revision der Anlagepolitik nahelegen. Ein verantwortungsbewusster Vermögensverwalter wird zweifellos einhaken und eine vielleicht bislang aggressiv formulierte Anlagepolitik in Frage stellen, falls er erfährt, dass der geschäftliche Erfolg des Kunden plötzlich zu wünschen übriglässt.

Ratschlag 4:
Gehen Sie jeglichem Aktiengeplauder aus dem Weg! Es mag zwar interessant und kurzweilig sein, über individuelle Kaufentscheide und die momentanen Börsenlieblinge zu plaudern, doch produktiv sind solche Zeitvertreibe sicherlich nicht. Im Gegenteil. Ihr Vermögensverwalter lässt sich vielleicht bewusst oder unbewusst von Ihren eigenen Histörchen beeinflussen und sich Ihnen zuliebe zu einer Anlage verleiten, die er nicht adäquat zu beurteilen imstande ist. Zehn Minuten über die Hintergründe einzelner Anlagen zu verbringen ist mehr als genug. Ich möchte Ihnen sicherlich nicht den Spass am Anlagegeschäft verderben, doch leider besteht aus objektiver Sicht kein Grund dazu, dass Sie laufend in der Lage sein sollten, alle für Sie getätigten Anlageentscheidungen nachzuvollziehen. Effektiv werden viele sich im nachhinein als brillant erweisende Investitionen (Chrysler im Jahre 1989, Citicorp 1991, Compaq Computer 1992) zum Zeitpunkt des idealen Kauftimings von den Klienten ganz und gar nicht goutiert. Andererseits ist es für den Vermögensverwalter fast unmöglich, eine «Darling-Aktie» zu verkaufen, ganz einfach darum, weil es sich erwiesen hat, dass sein Klient aus objektiven oder auch subjektiven Gründen ganz und gar in diese «Wunderaktie» verliebt ist. Es ist gefährlich genug, sich in eine Frau zu verlieben, doch geschieht das gleiche mit einer Aktie, ist das fatal!

Ratschlag 5:

Erlauben Sie keine Show-Einlagen! Präsentationen unzähliger Klarsichtfolien, Grafiken, «Kuchencharts» und dergleichen sind unnötig. Sie sollen Ihnen lediglich weismachen, Ihr Berater sei ein Tausendsassa, und in bezug auf Ihren Anlageerfolg stehe alles zum allerbesten. Es ist schlimm genug, wenn Sie vom Nachbarn zu einem Lichtbildabend genötigt werden. Hüten Sie sich also davor, dass Ihnen Ihr Vermögensverwalter anlässlich Ihrer Jahresbesprechungen ähnliches zumutet. Erlauben Sie Ihrem Vermögensverwalter auch nicht, Ihnen allerlei an wirtschaftlichen Makrodaten aufzutischen. Sie sind allesamt interessant und aufschlussreich, doch der Zweck Ihres Besuches besteht nicht darin, Ihre Allgemeinbildung zu verbessern, sondern Aufschluss über das durch Sie vergebene Mandat zu erhalten, im Klartext: den Vermögensstand zu erfahren und diesen im Lichte der vereinbarten Anlagepolitik und deren Zielsetzung zu beurteilen. Sicherlich ist es für den Vermögensverwalter unangenehm, einem zu Besuch weilenden Klienten einen Rückgang des Vermögensstandes eröffnen zu müssen. Oft sucht der Berater unter solchen Umständen das Heil in einer High-Tech-Präsentation, die verschleiern soll, dass sich die Performance negativ entwickelt hat. Sehr oft sind solche Manöver von Erfolg gekrönt, und die Klienten verabschieden sich im Glauben, alles stehe zum besten. Es macht wenig Sinn, eine negativen Performance mit einer Verdunkelungsshow zu kaschieren. Sind die Zielsetzungen des Vermögensverwaltungsmandates objektiv und klar definiert und akzeptieren Sie, dass unternehmerisch investiert werden soll, ist ein temporärer Rückschlag des Anlagevermögens keine Schande, sondern ein Alltagsvorkommnis, zu dem man stehen kann und welches beim Namen genannt werden darf. Erinnern Sie sich also dieser Mahnung, wenn Ihnen tolle Farbdias projiziert werden, und betrachten Sie solche Einlagen lediglich als unerwünschte Dreingaben, welche Sie vom Zweck Ihres Besuches ablenken sollen.

Ratschlag 6:

Geniessen Sie das Essen! Besser jedoch ohne Ihren Vermögensverwalter. Arbeitsessen sind ein Unsinn und obendrein ungesund. Man soll kulinarische Köstlichkeiten mit lieben Freunden, Bekannten oder der Familie geniessen, ohne ständig in Akten, Zahlenaufstellungen und Grafiken rumwühlen zu müssen. Leider wird diese Regel ständig missachtet, und es gehört für den renommierten Vermögensverwalter zur normalen Usanz, dass die geschätzte Kundschaft anlässlich einer Informationsvisite ausgiebig verköstigt wird. Oft kommt es vor, dass man den ganzen Anlass in einem Restaurant abhält. Der Termin verkommt zum Small-talk-Treff, und die vermeintliche Orientierung über wirklich Massgebliches ist flugs zum Schlemmermeeting degradiert. Achten Sie darauf, dass Ihr Halbjahres- oder Jahrestreffen mit Ihrem Vermögensverwalter zu Arbeitszeiten vereinbart und Ihr Termin ganz klar als geschäftliche Angelegenheit taxiert wird. Werden Sie gleichwohl zum Mittag- oder Abendessen eingeladen, so versichern Sie sich, dass dies ausserhalb der Besprechung geschieht. In jedem Fall ist es falsch, zum Tisch zu schreiten, bevor die geschäftlichen Traktanden erledigt sind. Nach einem Fläschchen Wein nimmt man oft Dinge hin, die vor dem Frühstück wenig Freude machen.

Ratschlag 7:
Ein kleiner Trick: Stellen Sie Ihrem Vermögensverwalter ab und zu dieselben Fragen und machen Sie sich über die Stellungnahmen und Antworten Ihres Beraters Notizen. Vergleichen Sie die Kohärenz dieser Aussagen. Jeder verlässliche Vermögensverwalter hat «eine Linie», eine Anlagephilosophie und laufend verfolgte Prinzipien, welche in der Verwaltungstätigkeit strikt befolgt werden. Über grundsätzliche Aspekte der Betreuung Ihres Vermögens sollte deshalb hinsichtlich Ihrer Fragen eine klare Linie bestehen. Fehlt eine solche, so müssen Sie Ihr Verhältnis einer Prüfung unterziehen, denn es bestünde die Möglichkeit, dass das Verwaltungsmandat opportunistisch, d. h. Ihren scheinbaren Wünschen entsprechend, ausgeführt wird. Der Verwalter tanzt nach Ihrer Pfeife und handelt nicht nach eigener Überzeugung. Das empfohlene Vorgehen ist durchaus legitim, einfach in der Anwendung und sehr aufschlussreich. Seien Sie sich immer darüber im klaren, dass der Vermögensverwalter auch nur ein Mensch und deshalb primär darauf bedacht ist, Ihr Vermögensverwaltungsmandat zu behalten, und deshalb geneigt sein könnte, die Verwaltung auf Ihre Wünsche und Prioritäten auszurichten – oft unter Vernachlässigung der eigenen Überzeugungen, nur mit dem Ziel, Ihnen eine «wunschgemässe» Verwaltung zu bieten. Viele Klienten fördern eine derartige Dienstleistung geradezu. Denken Sie jedoch immer daran, dass Sie Ihren Profi nicht dafür bezahlen, dass er Ihre Ideen realisiert. Der beschriebene Test ist geeignet, Ihnen darüber Aufschluss zu geben, ob Ihr Berater autonom ist oder ob er vielleicht «devot» handelt.

Ratschlag 8:
Erkundigen Sie sich anlässlich Ihres ersten Besuches so schnell wie möglich nach der Performance, welche Ihr potentieller Vermögensverwalter für Sie zu erzielen plant. Warum? Aus der Reaktion Ihres Beraters werden Sie nämlich unschwer auf dessen Seriosität und Vertrauenswürdigkeit schliessen können. Sie müssen sich bewusst sein, dass (fast) überall gross angegeben wird. Fast jeder ist in seinem Beruf der Beste. Zum Glück ist es oft nicht erfassbar, ob man beim besten Profi gelandet ist oder ob man nur einer raffinierten PR-Taktik auf den Leim gegangen ist. Ich habe schon die tollsten Dinge erlebt, die den «Besten ihres Fachs» unterlaufen: ein vergessener Kanalisationsanschluss fürs WC, die Extraktion des falschen Zahns (nicht jeder weiss, dass links da ist, wo der Daumen rechts ist) oder der ernsthafte Vorschlag eines Archi-

tekten, in der Duschkabine einen Wandschrank einzubauen. Wenn sie einem selbst widerfahren, sind solche Vorkommnisse ärgerlich. Einem Vermögensverwalter zu vertrauen, der ein Klugscheisser ist, verursacht mehr als Ärger. Leere Taschen nämlich. Erkundigen Sie sich also anlässlich Ihres ersten Gesprächs mit Ihrem Beratungskandidaten so bald wie möglich nach dem Anlageresultat, das er für Sie voraussichtlich herausholen kann. Die Sache ist einfach: Prognostiziert Ihr Gegenüber eine Prozentzahl, so verschwenden Sie Ihre Zeit und potentiell Ihr Geld. Nehmen Sie sich diesen Ratschlag vor allem dann zu Herzen, wenn er die Prognose abgibt, bevor Sie näher auf eine Verwaltungspolitik eingegangen sind. Ein seriöser Vermögensverwalter macht keine spezifischen Voraussagen hinsichtlich Anlageerfolg. Wie könnte er auch? Auch die klügsten Investitionspläne können von unvorhersehbaren Vorkommnissen durchkreuzt werden, welche das Anlageresultat vorübergehend negativ erscheinen lassen. Ein Vermögensverwalter kann Ihnen vielleicht veranschaulichen, was die Vergangenheit an Performance gebracht hat, doch es zeugt nicht von Vertrauenswürdigkeit, ein Anlageresultat für die Zukunft zu nennen. Seien Sie im übrigen auf der Hut, was die Präsentation vergangener Anlageresultate betrifft. Falls Ihnen Zahlen einer grossen Menge von Anlagedepots präsentiert werden, welche nicht einem Audit, einer Rechnungsprüfung durch ein bekanntes Institut, unterzogen wurden, sind sie nutzlos.

Wo *finden* Sie Ihren persönlichen Berater?

Dies ist eine gute und berechtigte Frage. Es wäre grossartig, wenn ein kluger Geist eine Liste der besten hundert Vermögensverwalter erstellen würde, ähnlich den «Ranglisten» gewisser Schweizer Boulevardzeitschriften, in denen die (anscheinend) besten hundert Schweizer Zahnärzte oder die klügsten Anwälte aufgeführt sind. Zufällig kenne ich einige über die Landesgrenzen hinweg hochangesehene Spezialisten auf dem Gebiet der Zahnheilkunde, die froh waren, nicht in diesem oberflächlichen Palmares der Subjektivität erwähnt zu sein. Ich fragte meine Freunde, warum sie denn wider die Realität unrangiert geblieben seien und welcher Bewertungsmassstab angewendet worden sei. Es scheint, dass die Bewertungskriterien fast völlig aus der Luft gegriffen waren. Wirkliche Kapazitäten des Berufes blieben diskret im Hintergrund. In der privaten Vermögensverwaltung verhält es sich genauso. Es wird nie möglich sein, Ranglisten der Besten dieses Berufsstandes zu etablieren, da die Performance immer ein Resultat der Risikovorgabe darstellt. Ich kann hier nur auf das Kapitel «Was heisst ‹erfolgreich anlegen›?» verweisen.

Die persönliche Beziehung zwischen Ihnen und Ihrem Berater kann von niemandem bewertet werden ausser von Ihnen selbst. Ein Vertrauensverhältnis zu quantifizieren ist unmöglich. Dem einen bedeutet es alles, einem anderen wiederum ist es einerlei, mit wem er es zu tun hat, solange Gewinne herausschauen. Wenn Sie heute entscheiden, die Beratung eines privaten Vermögensverwalters zuzuziehen, oder unzufrieden sind mit Ihrer bestehenden Beziehung, dann hüten Sie sich davor, marktschreierischen Wirtschaftsmagazinen auf den Marketing-Leim zu gehen. Im eigenen Berufsstand weiss man nach einiger Zeit, wer professionell etwas taugt und wer eher schmalbrüstig ist. Ich bin manchmal, gelinde gesagt, erstaunt über die Adressen, die in der Presse als Geschenk für die Anlegerwelt herumgeboten werden. Für jede Dienstleistung ist es schwierig, objektiv die Besten des Fachs ausfindig zu machen. Was nützt Ihnen der beste Internist, der unfehlbar die richtigen Diagnosen stellt, Ihnen jedoch als Mensch unsympathisch ist? Nichts. Denn Sie werden für die Diagnose keine Wertschätzung empfinden, weil es unmöglich ist, einem Menschen zu vertrauen, für den man keine Sympathie empfindet. Ich weiss, dass es keineswegs einfach ist, sich für einen bestimmten persönlichen Vermögensverwalter zu entscheiden.

Manche vermögende Personen können sich ein Leben lang nicht zu einem Entscheid durchringen. Ich hielt vor Jahren einmal eine Beratertätigkeit für einen älteren, äusserst wohlhabenden Mann inne, der zu zwölf verschiedenen Vermögensverwaltern eine Beziehung unterhielt. «Warum zwölf?» werden Sie fragen. Nun, er erstellte monatlich eine Performance-Statistik seiner zwölf Verwalter, und jeden Monat kündigte er das Mandat jenes «Vertrauten», welcher am schlechtesten abgeschnitten hatte. Jeden Monat warf er einen Berater raus und heuerte einen neuen an. Natürlich war der Verschleiss an Profis so gross, dass dieser Herr seine Verwaltungsmandate sehr bald einmal recht undifferenziert vergeben musste und neue Verträge zwangsläufig aufgrund eindrücklicher Presseberichte abschloss. Diese Variante der Vermögensverwalter-Auswahl ist Unsinn.

In den Vereinigten Staaten gibt es eine relativ neue Dienstleistung, welche sich ausschliesslich der Vermittlung von Money Managern widmet. Die Voraussetzung ist, dass man weiss, was man sucht, und dies zu definieren ist für Privatanleger praktisch unmöglich. So liegt es in der Natur der Sache, dass diese Broker hauptsächlich für Pensionskassen und dergleichen agieren, welche Verwalter für ganz bestimmte Anlagesektoren suchen. In Europa steckt diese Art der Dienstleistung leider noch in den Kinderschuhen, da das Ertragspotential im Moment nicht in einem vernünftigen Verhältnis zum Aufwand steht. Sie sehen, ich tue mich schwer damit, Ihnen konkret zu raten, wo und wie Sie denn Ihren persönlichen Berater finden, was primär dadurch begründet ist, dass Sie nicht nur einen fachlich kompetenten Spezialisten suchen, sondern dass auch die «Chemie» zwischen Ihnen und der gesuchten Person stimmen muss.

Das ist keine einfache Vorgabe. Jedenfalls sollten Sie sich nicht darauf beschränken, lediglich bei Ihrer derzeitigen Bank Ausschau nach einem Vertrauten zu halten. Wie ich schon deutlich machte, benötigt Ihre Vermögensverwaltung zwei Komponenten, welche vorzugsweise einer «Gewaltentrennung» unterstehen sollten. Sie brauchen eine Bank, die für Ihre Kontoführung und Wertschriftenverwahrung besorgt ist, und Sie benötigen andererseits einen kreativen Vermögensverwalter, dem Sie uneingeschränkt vertrauen. Diese beiden Mandate brauchen überhaupt nicht unter einem Dach angesiedelt zu sein. Für viele Investoren agiert die Hausbank als Vermögensverwalterin, und so suchen Sie, wenn Sie eines persönlichen Beraters bedürfen, automatisch dort, wo Ihr Geld liegt. Dieses Vorgehen schränkt die Wahl unnötigerweise stark ein. Ihr Vermögen kann durchaus in Basel liegen, während der Entscheidungsträger – Ihr persönlicher Berater – in Zürich sitzt. Wenn Sie Ihren Vertrauten nur in Ihrer derzeitigen Bank suchen, schliessen Sie Alternativen aus.

Oft sind die führenden Anwaltskanzleien in der Lage, unvoreingenommene Empfehlungen vertrauenswürdiger Vermögensverwalter zu erteilen. Falls Sie Ihrem Anwalt vorbehaltlos vertrauen, so dürfen Sie sich auch auf dessen Hinweise hinsichtlich Vermögensverwaltung verlassen. Eruieren Sie jedoch, ob Ihr Anwalt vielleicht im Verwaltungsrat des empfohlenen Hauses sitzt. Trifft dies zu, so unterliegt dieser einem Interessenkonflikt, und die Empfehlung ist mit Vorbehalt behaftet. Vertrauen Sie bei der Auswahl Ihres Beraters – oder beim Ersatz desselben – auf Ihren guten Menschenverstand und vor allem auf Ihre Intuition. Es gibt ganz einfach keinen allgemeingültigen Ratschlag, wie Sie konkret zum erwünschten Ziel gelangen. Jedenfalls sollten Sie sich bei der Wahl Ihres persönlichen Vermögensverwalters auf die Empfehlungen derjenigen Personen verlassen, denen Sie heute vertrauen, und nicht auf irgendwelche, eindrücklich verfasste Anpreisungen in der Presse. Das Vertrauensverhältnis ist gewachsen. Das Papier jedoch ist schnell bedruckt.

Des Pudels Kern: Referenzwährung

Vieles im Leben ist relativ; auch der Anlageerfolg. Für Sie als Anleger ist die Wahl der Referenzwährung darum eine Entscheidung, deren Wichtigkeit gar nicht überschätzt werden kann. Normalerweise ist die Referenzwährung, welche den Erfolg der Investitionstätigkeit misst, die eigene «Heimwährung», in der man «denkt» und die laufenden Verbindlichkeiten deckt.

Vielen Anlegern wird die Bedeutung der Referenzwährung erst zu spät bewusst. Dann nämlich, wenn ein ausländischer Vermögensverwalter stolz eine positive Wertsteigerung der Anlage meldet und der Taschenrechner nach der Umrechnung in die Heimwährung keinen Gewinn, sondern rote Zahlen meldet. Als Folge der jahrelangen Daueraufwertung des Schweizer Frankens verwenden heute viele ausländische Anleger die helvetische Geldeinheit als Referenzwährung. Dies hat sich bislang ausgezahlt, hat man doch praktisch immer einen Umrechnungsgewinn erzielt. Die Valuta der Euroinsel Schweiz könnte jedoch in Zukunft vielleicht nicht mehr die beste Wahl sein. Vor allem deutschen Anlegern wird dann bewusst werden, dass ein Anlageertrag im einst so tollen Schweizer Franken in Euro schlecht aussehen könnte.

Sie müssen sich deshalb immer bewusst sein, dass die prozentuale Wertsteigerung nichts bedeutet. Es nützt Ihnen nämlich gar nichts, an der Börse Istanbuls 50% Jahresgewinn erzielt zu haben, wenn das türkische Pfund gegenüber dem Dollar gleichzeitig 70% an Wert eingebüsst hat. Die fünfzigprozentige Wertsteigerung entspricht für einen in Dollar denkenden Anleger einem happigen Verlust. Jeder materielle Erfolg muss daher absolut und in einer Referenzwährung gemessen werden.

Die Referenzwährung muss immer vor der Aufnahme einer Vermögensverwaltungsbeziehung bindend festgelegt werden. Dies stösst bei Kunden oft auf Unverständnis. Vielmals wurde mir entgegnet, dass man einfach immer in der erfolgversprechendsten Währung investiert sein sollte, was die Wahl einer Referenzwährung hinfällig mache. Dieser Standpunkt ist natürlich absurd. Um Ihnen zu illustrieren, wie wichtig die Wahl der Referenzwährung ist, sei folgendes Beispiel aufgeführt: Versetzen wir uns ins Jahr 1995 und nehmen an, dass zwei Klienten über ein völlig identisches Anlageportfolio verfügen, welches sich ausschliesslich aus Aktien erster Güte zusammensetzt. Nehmen wir im weiteren an, der erste Klient wohne in der Schweiz. Die Referenzwährung dieses Anlegers ist naheliegenderweise der Schweizer Franken. Der zweite Anleger ist Engländer, und dessen Referenzwährung ist das britische Pfund. Der Einfachheit halber enthält dieses Anlagedepot lediglich sechs international gestreute Blue Chips sowie eine Liquiditätsreserve und setzt sich wie folgt zusammen:

Anlage	Wert per 31.12.1994			Wert per 31.12.1995		
	Kurs	Wert in Fr.	Wert in £	Kurs	Wert in Fr.	Wert in £
100 Aktien IBM	$ 36.75	53 655	22 356	$ 45.87	52 705	29 461
700 Aktien Kodak	$ 47.75	48 800	20 333	$ 67.–	53 888	30 122
3500 Aktien Glaxo	£ 6.62	55 608	23 170	£ 9.15	57 293	32 025
1700 Aktien Royal Dutch	fl 47.25	60 589	25 245	fl 56.05	68 377	38 221
50 Aktien Nestlé	Fr. 1247	62 350	25 979	Fr. 1276	62 350	34 852
1000 Aktien Deutsche Bank	DM 72	58 377	24 324	DM 67.97	54 627	30 535
Festgeld 100 000 $		146 000	60 833		114 900	64 226
Zinsen					6000	3354
Total Anlagewert		485 379	202 240		470 140	262 796
Wertsteigerung 1995 in Fr.					**– 3,14%**	
Wertsteigerung 1995 in £						**+ 29,94%**

Angenommen, ich traf beide Klienten am 31. Dezember 1995 zu einem Anlagegespräch; dann hätte ich meinem Besucher aus England ein tolles Jahresergebnis mitteilen können: einen Gewinn von 29,94% für das Jahr 1995. Der Brite wäre strahlend zur Silvesterfeier nach London zurückgekehrt, der Champagner in Strömen geflossen. Meinem Schweizer Klienten hätte ich die Hiobsbotschaft überbringen müssen, dass 1995 ein schwieriges Jahr gewesen sei. Der Anlagewert sei um 3,14% gefallen. Was für den einen Klienten einen Erfolg darstellte, war für den andern mit identischem Portfolio eine Katastrophe – nur weil sie nicht von der gleichen Referenzwährung ausgingen. Überlegen Sie sich zu Beginn eines Anlagemandates also sehr genau, in welcher Währung der Erfolg zu bemessen ist. Lassen Sie sich auf keinen Fall darauf ein, eine Währung als Referenzwert zu wählen, die nichts mit Ihrem Domizil oder der Valuta Ihrer Aufwendungen und Ausgaben zu tun hat. Es ist auch unsinnig, die Referenzwährung immer wieder zu wechseln – je nach Entwicklung des Aussenwertes «seiner» Währung. Gewisse Klienten tendieren dazu, eine zweite Währung zu «Vergleichszwecken» heranzuziehen, was weder fair noch sinnvoll ist.

Sie müssen sich bewusst sein, dass Ihr Vermögensverwalter die Anlagepolitik nach der Referenzwährung ausrichtet. Trotz identischer Vorgaben und gleicher Anlagerichtlinie werden sich die Anlagedepots von zwei Klienten, deren Referenzwährung der Schweizer Franken beziehungsweise der US-Dollar ist, massgeblich voneinander unterscheiden. Nicht nur die Anlage an sich ist zu beurteilen, sondern gleichzeitig das Währungsrisiko in bezug auf die Referenzwährung. Wenn ein Schweizer Anleger einen zehnprozentigen Anstieg des US-Dollars gegenüber dem Franken verpasst, so ist ihm lediglich ein Gewinn entgangen, aber er hat keinen Verlust erlitten. Hielt jedoch der US-Anleger zur gleichen Zeit auch nur einen kleinen Teil seiner Anlagen in Schweizer Franken, so hat er quasi automatisch einen Verlust eingefahren. Die Festlegung der Referenzwährung, das heisst der Währung, in der der Anlageerfolg gemessen wird, zu definieren ist deshalb von allergrösster Wichtigkeit. Gerade deutsche Anleger versäumen es oft, die Referenzwährung zu definieren. Sie stellen sich auf den Standpunkt, D-Mark und Schweizer Franken bewegten sich langfristig parallel. Im grossen und ganzen ist dies richtig, doch fünfprozentige jährliche Abweichungen waren in der Vergangenheit nicht ungewöhnlich. Es ist deshalb für Anleger mit Domizil Deutschland sinnvoll, die D-Mark und zukünftig den Euro – und nicht den Schweizer Franken – als Referenzwährung zu wählen.

Frauen denken anders

Ich bin vorgängig auf das wirklich nicht unerhebliche Problem des Egotrips im Anlagegebaren eingegangen. Nach langjähriger Erfahrung im Umgang mit männlichen und weiblichen Klienten besteht für mich nicht der geringste Zweifel, dass das Anlageverhalten der Frauen signifikant von jenem der Männer abweicht. Es ist primär die Risikoakzeptanz, welche den Hauptunterschied zwischen männlichen und weiblichen Klienten darstellt. Ich habe überhaupt noch nie eine Anlegerin kennengelernt, die sich einen Spass daraus machte, kurzfristig zu spekulieren, Optionen zu handeln, auf Tips hin zu agieren oder gar in Rohwaren rumzuwursteln. Frauen sind «No-nonsense-Anleger», für die das Investieren nicht Spass oder Hobby ist, sondern ein ernstes Geschäft – was es auch sein sollte. Das Sicherheitsdenken, bei der Frau zweifellos stärker ausgebildet als beim Mann, prägt die Einstellung zum Geld. Weibliche Anleger gehen fast immer mit mir einig, dass die Kapitalerhaltung erste Priorität geniessen muss und dass es immer unsinnig ist, bewusst Substanz zu riskieren, um den Kapitalwert zu steigern. Ganz im Gegensatz zu männlichen Investoren ist es Anlegerinnen praktisch immer egal, ob eine Wertsteigerung irgendwelche Börsenindizes übertroffen oder unterschritten hat. Was zählt, ist absoluter Erfolg in absoluten Zahlen. Eine Frau wird sich selten aufregen, wenn das Anlageportfolio wertmässig um 10% steigt, obwohl alle Börsenindizes doppelt soviel zugelegt haben.

Der Schein trügt jedoch, dass weibliche Klienten einfache Mandatsgeber sind. In Baissezeiten ist die Vermögensverwaltung für Frauen um so schwieriger, zumal diese selten bereit sind, wertmässige Anlagerückschläge zu akzeptieren. Wiederum zählt das absolute Resultat und nicht ein relativer Vergleich mit dem Machbaren. Wenn der Weltindex um 20% fällt, ist ein fünfprozentiger Wertrückgang eines Anlagedepots durchaus plausibel, doch eine Frau ist im allgemeinen nicht bereit, ein solches «relativ» gutes Resultat zu akzeptieren. Ein Verlust ist ein Verlust. Weiblichen Investoren spielt es keine Rolle, ob das generelle Anlageumfeld widrig oder günstig war. Eine Frau mag zwar zu Haussezeiten akzeptieren, dass die Performance hinterherhinkt, doch in einer Baisse gibt's rote Köpfe, wenn rote Zahlen auftauchen.

Ich habe im Laufe der Jahre die Erfahrung gemacht, dass es sich für einen Vermögensverwalter in einer Hausse nicht bezahlt macht, wenn er überdurchschnittliche Anlageerfolge erwirtschaftet. Sicherlich freuen sich auch weibliche Anleger über eine spektakuläre Performance, doch ein überdurchschnittlich gutes Resultat kann nur zum Preis einer höheren Risikokomponente erreicht werden, und diese wird durch Anlegerinnen in Baissezeiten nicht goutiert. Es hat sich in fast allen Fällen, in denen ich ein Mandat für eine Frau hielt, bestätigt, dass es richtig ist, risikoavers anzulegen und der Kapitalerhaltung Priorität einzuräumen.

Ganz anders verhält es sich mit Männern als Anleger. Investoren, mit denen eine ausgewogene Anlagepolitik vereinbart wird, hegen meistens Erwartungen, die in bezug auf die Risikoakzeptanz viel zu ambitiös sind. Männer verkraften es schlecht, wenn in einem Kursaufschwung irgendwelche arbiträr herangezogene Indizes nicht geschlagen werden. Man(n) will ganz einfach besser sein als der Nachbar und allen beweisen, dass man eben überdurchschnittlich ist – mathematisch unmöglich. Der «Macho-Effekt» ist gefährlich, vor allem in Baissezeiten. Männer neigen zwar dazu, wertmässige Rückschläge besser zu verkraften als Frauen, doch unbotmässiger Anlagemut in der Hausse resultiert oft darin, dass zu guten Anlagezeiten vom Vermögensverwalter eine Anlagepolitik gefordert wird, welche nicht dem wahren Profil des Klienten entspricht. Die Risikokomponente steigt zu Haussezeiten, mit der logischen Folge, dass Rückschläge recht massiv ausfallen.

Es ist leider eine Tatsache, dass Männer nicht nur im Alltagsleben, sondern auch als Anleger gelegentlich das Realitätsdenken zugunsten subjektiver Wünsche opfern. Dies ist als konstruktiver Wink mit dem Zaunpfahl gedacht – in der Hoffnung, dass einige männliche Investoren dies realisieren: Jedes Risiko hat seinen Preis, doch jener des Egotrips ist immer zu hoch! Frauen sind in deren Einstellung zum Anlageziel wirklich smarter als Männer. Aboluter Fortschritt zählt. (Scheinbar) besser investiert zu haben als der Nachbar, interessiert Frauen nicht – ganz im Gegensatz zu Männern, die zuweilen einen Jahresverlust von fünf Prozent hochschätzen, nur weil alle andern das Doppelte verloren haben. Lernen wir von der Anlagelogik der Frauen!

Eine Regel des Konfuzius: Schützen Sie Ihre Kinder!

Konfuzius lehrte, dass das Schaffen eines Menschen die dritte Generation nicht überdauert. In materieller Hinsicht heisst dies konkret, dass die erste Generation Vermögen oder Reichtum schafft, die zweite Generation diesen Stand hält (und nicht vermehrt) und der dritten Generation das Erreichte wieder entgleitet. Die Ausnahme bestätigt die Regel, doch wurde diese These im Laufe der Jahrhunderte unzählige Male bestätigt. Die Logik liegt ganz einfach darin, dass der Ansporn zur Leistung im allgemeinen proportional zum erreichten Erfolg sinkt. Not macht erfinderisch, Wohlstand hingegen birgt die Gefahr von Dekadenz oder dämpft mindestens den Elan. Bestimmt kennen Sie viele Beispiele, die belegen, dass die zweite Familiengeneration eine in materieller Hinsicht herausragende Erfolgskadenz der Eltern in den wenigsten Fällen zu übertreffen imstande ist. Meistens (doch durchaus nicht immer) kann die zweite Generation, welche vor allem hinsichtlich Qualität der Ausbildung vom materiellen Wohlstand der Familie profitieren kann, das Erreichte mit Müh und Not halten. Quasi in einer goldenen Wiege aufzuwachsen, lässt den Ehrgeiz, die Ambition, den Wunsch, besser zu sein und den Nächsten zu übertreffen, verständlicherweise verkümmern.

Die meisten Menschen sind nicht imstande, überdurchschnittliche Leistungen von sich selbst zu fordern, wenn die Familie schon alles materiell Vorstellbare bereitgestellt hat, bevor man auch nur zum Denken befähigt ist. Vielleicht mag eine auf strenge, äusserste Disziplin ausgerichtete Erziehung der erfolgreichen ersten Generation noch bewirken, dass die Kinder den Stapfen der Eltern einigermassen folgen, doch da schon alles erreicht ist, fehlt der Impuls zur Leistungserbringung. Mit Müh und Not wird der Status quo gehalten, und die nachfolgende, dritte Generation sieht den Sinn in ebendieser Leistung nicht mehr. Man gibt sich dem Geschenk des «optimalen Lebens» hin, mit der unweigerlichen Folge, dass der materielle Wohlstand schwindet oder gar verschwindet. Oft wird die Einstellung der Mitglieder solcher «dritter Generationen» durch Aussenstehende despektierlich verurteilt, doch es ist nicht weiter verwunderlich, dass Streben nach Höherem verkümmert, wenn scheinbar alles Erstrebenswerte schon vorhanden ist.

Der Sinn dieser Aussagen zielt darauf ab, dass ich Ihnen nach vielen Jahren der Erfahrung in der Verwaltung von materiellem Vermögen und dem Umgang mit erfolgreichen Familien eindringlich dazu rate, Vorsorge zu treffen, dass Ihre Kinder nicht zu früh in die Verfügungsberechtigung von bedeutenden Vermögensteilen kommen.

Verhelfen Sie Ihren Kindern zur besten aller möglichen Ausbildungen, doch lassen Sie diese merken, dass das Leben ein Marathonrennen ist, dessen Ziel für niemanden – auch nicht für die Kinder wohlhabender Eltern – am Start erreicht ist. Verhindern Sie, bei aller Liebe und Vorsorge für Ihre Kinder, dass diese als unerfahrene Jungerwachsene in den belastenden Besitz ungebührend hoher Vermögensteile gelangen. Der geeignetste Weg, dies zu erreichen, ist zweifellos die im angelsächsischen Raum sehr übliche Errichtung eines Trusts, wodurch Sie Ihre vermögensmässige Nachkommensregelung im wahrsten Sinne des Wortes in vorsorglicher Art und Weise zu regeln imstande sind.

Die Vollstrecker Ihres Trusts sind verpflichtet, die durch Sie mitbestimmten Statuten zu vollziehen, indem Sie zum Beispiel das Alter, den Studienabschluss, den Ehestand, die Involvierung im Geschäftsbetrieb oder was immer Ihnen im Interesse Ihrer Kinder zu sein scheint, im Detail vorstipulieren. Es geht nicht darum, Ihren Nachkommen Erbteile vorzuenthalten oder diese Vermögensteile erst im Grossvateralter zu übermachen. Es geht vielmehr darum, Ihre Kinder vor der Leistungsbremse einer frühen, unzeitgemässen Vermögensübernahme – einer Vermögensbelastung – zu bewahren. Ich habe im Laufe meiner Karriere unzählige Male erlebt, wie kontraproduktiv auch nur schon das Wissen um ein anstehendes Erbe für junge Menschen sein kann. Was soll man sich da durch ein Physikstudium mühen, wenn die Zukunft aufgrund der früher erbrachten Leistungen der Eltern oder Grosseltern anscheinend in rosigster Art und Weise vorbestimmt ist? «Geld macht nicht glücklich, doch es beruhigt», pflegt man zu sagen. Ich bin der Ansicht, dass Geld vermögende Väter und Mütter auch beunruhigen soll, denn «gefundener» Besitz belastet mehr als alles andere! Schützen Sie Ihre Kinder vor solchermassen gefundenem Wohlstand, denn nichts zersetzt ihr Zukunftsstreben mehr als die verfängliche Annahme, der Erfolg sei in ihrem Leben aufgrund des Erfolges der Eltern vorprogrammiert.

Ein heikles Thema: Nummernkonten

Über alles Erdenkliche erteilen Banken und Finanzberatungsinstitute Ratschläge. Berge von Broschüren werden jährlich gedruckt, man wird unter belehrendem Ideenmaterial solcher Häuser fast begraben. Über jeden auch noch so unbedeutenden Börsenplatz werden Studien erstellt, Finanzanalysen geschrieben (oder abgeschrieben). Jede Bank erstellt haufenweise Pamphlete, die einem klarmachen, warum man gerade mit diesem oder jenem Haus arbeiten sollte, und gegen Jahresende erhält man unweigerlich unzählige Vorschläge, wie man mittels cleverer Spezialbankeinlagen Steuern sparen kann. Über jedes erdenkliche Bank- und Finanzthema werden «Bibeln» verfasst, nur über eines nicht: Nummernkonten. Eigenartig, denn in der Schweiz werden Hunderte von Milliarden Franken auf diese Weise verwahrt.

Die Schweizer Vermögensverwaltung arbeitet zum überwiegenden Teil mit Kundengeldern, welche auf Nummernkonten liegen, und es ist doch erstaunlich, dass ein Geschäftszweig, der ganz unbestritten den Löwenanteil der in der Schweiz ansässigen Vermögensverwaltungsinstitute erbringt, überhaupt nicht propagiert wird. Ein Nummernkonto ist in jeder Hinsicht identisch mit einer ganz gewöhnlichen, im eigenen Namen eröffneten Bankverbindung, ausser dass das Konto nicht auf den eigenen Namen, sondern auf eine durch die Bank zugeteilte Nummer oder ein vereinbartes Pseudonym lautet. In den USA wird auch heute noch vielerorts angenommen, dass die Schweizer Banken «anonyme Konten» eröffnen, d. h., dass man bei jedem beliebigen Bankinstitut ein Konto errichten könne, ohne die eigenen Personalien preiszugeben. Dies ist Unsinn.

Die Eröffnung eines Nummernkontos bedarf immer einer Identitätsbelegung, bei manchen Bankinstituten auch einer Empfehlung oder Einführung durch eine dem Haus bekannte Person oder Institution. Wie dem auch sei, Nummern- oder Pseudonymkonten führen in der Schweiz publizitätsmässig trotz deren kommerzieller Wichtigkeit ein Schattendasein, was eigentlich widersinnig ist, zumal die Erfordernisse, ein solches eröffnen zu können, identisch sind mit der Initiierung einer Bankbeziehung im eigenen Namen. Der Grund der extremen Zurückhaltung hinsichtlich aller Belange der Schweizer Nummernkonten liegt im Umstand, dass diese oft (jedoch sicherlich nicht immer) wegen der steuerlichen Anonymität verwendet werden, und da möchte man Konflikten mit ausländischen Steuerbehörden (ganz besonders mit jenen unseres nördlichen Nachbarn) aus dem Weg gehen, indem diese schweizerische Eigenheit der Anonymitätsbeihilfe öffentlich unerwähnt bleibt.

Es ist nicht Zweck dieses Unterkapitels, dem Leser irgendwelche Tricks oder Geheimnisse bezüglich Nummernkonten zu vermitteln. An Leser jedoch, welche aus irgendeinem Grund vergessen haben, gewisse unter einem Nummernkonto deponierte Aktiven steuerlich zu deklarieren, habe ich meinerseits eine Frage zu stellen: Sind Sie sicher, dass Ihr offiziell «vergessenes» Nummernkonto über Ihren Tod hinaus Ihren Absichten entsprechend funktioniert? – «Selbstverständlich» werden Sie antworten, «mein Sohn aus erster Ehe hat Vollmacht, und diese ist nach Schweizer Recht über meinen Tod hinaus gültig.»

Das ist grundsätzlich richtig, doch da ist ein grosses und ernstes Aber! In den letzten Jahren sind zunehmend Banken zu Schaden gekommen, welche nach dem Tod ihrer Klienten bestehende Vollmachten honorierten und die unter einem Nummernkonto deponierten Vermögenswerte aufgrund dieses Dokumentes dem Bevollmächtigten überschrieben. Falls nämlich derartige Aktiven nach dem Tod des Kontoinhabers einer Drittperson mittels Vollmacht zukommen und die offiziellen Erben über den Stand der Dinge (d. h., dass ein Nummernkonto besteht) auf dem laufenden sind, muss man mit Problemen rechnen. Falls die Bank die Vollmacht (welche formal zwar über den Tod hinaus gültig ist) beachtet und die Gelder einer Drittperson ausbezahlt, muss das Bankhaus grundsätzlich gewärtigen, von den offiziellen Erben des Nummernkontoinhabers verklagt zu werden. In einigen Fällen ist es vorgekommen, dass Banken, welche die auf einem Nummernkonto hinterlegten Gelder sogleich nach dem Tod des Kontoinhabers an einen bevollmächtigten Dritten ausbezahlt haben, nochmals zur Kasse gebeten wurden, weil die offiziellen Erben gerichtlich erwirkten, dass diesen zumindest deren Erbpflichtteil zufiel. Ein solcher Fall kann eine Bank sehr teuer zu stehen kommen, und spätestens nach dem ersten vergleichbaren Vorkommnis wird sich jedes Bankinstitut im Todesfall eines Nummernkontoinhabers vorsichtiger benehmen und eine über den Tod hinaus gültige Vollmacht nicht mehr unbesehen honorieren.

Nummernkonten sind zu Lebzeiten des Kontoinhabers meistens problemlos, doch im Todesfall gilt sehr oft die Regel «Erstens kommt es anders und zweitens als man denkt»! Natürlich haben Sie kein Nummernkonto, doch falls Sie eines hätten, sollten Sie sich gründlich überlegen, ob die durch Sie bei Ihrer Bank hinterlegte Vollmacht wirklich über Ihren Tod hinaus Beachtung finden wird (selbst wenn das Dokument klar stipuliert, dass diese auch nach Ihrem Ableben Gültigkeit hat). Aus eigener Erfahrung weiss ich, dass sich ein Inhaber eines Nummernkontos überhaupt nicht auf diese Annahme verlassen kann. Um die derzeitige Praxis auszuloten, habe ich eine Anzahl Banken wie folgt angeschrieben:

«Sehr geehrte Damen und Herren
Aus Diversifikationsgründen beabsichtige ich, ein zusätzliches Wertschriftendepot

(Nummernkonto) zu eröffnen. Ich bitte Sie, mir in diesem Zusammenhang mitzuteilen, ob die Erteilung einer Vollmacht an eine Drittperson möglich ist, welche über den Tod des Kontoinhabers hinaus gültig ist. Meine Frau möchte nicht in unsere Finanzangelegenheiten involviert sein, und die Vollmacht würde deshalb zugunsten einer Bekannten lauten. Gerne erwarte ich Ihren diesbezüglichen Bericht...»

Den angeschriebenen Bankinstituten war somit klar, dass ich, als potentieller Neukunde, verheiratet bin, jedoch eine Vollmacht an eine Drittperson erteilen wollte, welche nach meinem Tod in der Lage sein sollte, über mein Konto frei zu verfügen. Absichtlich habe ich nicht einen Verwandten oder eine Verwandte als Vollmachtnehmer(in) aufgeführt. Würde die Vollmacht nach dem Tod wirklich Gültigkeit haben? Die Repliken der Banken sind äusserst interessant und lassen keine Zweifel darüber aufkommen, dass ein Inhaber eines Nummernkontos hinsichtlich Vergabe von Post-mortem-Vollmachten keine Bedenken hegen muss.

Bei meiner Umfrage habe ich absichtlich eine breite Palette von in der Schweiz ansässigen Banken angeschrieben. Grossbanken, Privatbanken, ausländisch beherrschte Institute, die allesamt sehr aktiv im Vermögensverwaltungsbereich tätig sind. Hier nun die schriftlichen Stellungnahmen dieser Banken, welche alle gebeten wurden zu bestätigen, dass eine Vollmacht zugunsten einer Drittperson über den Tod des Kontoinhabers hinaus Gültigkeit habe.

Bank Hofmann, Zürich (gehört zur CS-Gruppe):
«Vollmachten gelten generell über den Tod des Vollmachtgebers/Kontoinhabers hinaus. Es spielt auch keine Rolle, ob es sich bei der bevollmächtigten Person um eine/n Familienangehörige/n handelt oder nicht.»

Schweizerischer Bankverein, Zürich:
«Wie Sie aus dem Dokument ‹Allgemeine Vollmacht› ersehen, sind Vollmachten auch nach dem Tod des Kontoinhabers gültig.»

Banque Paribas (Suisse), Zürich:
«Die Generalvollmacht zugunsten einer Drittperson ist über den Tod des Kontoinhabers hinaus gültig.»

Commerzbank (Schweiz), Zürich, mündliche Stellungnahme:
«Vollmachten werden über den Tod des Kontoinhabers hinaus honoriert. Man ist sich im klaren darüber, dass dies möglicherweise gegen gewisse Schweizer Gesetze verstossen könnte. Falls die Bank effektiv weiss, dass der Kontobesitzer gestorben ist, könnte man sich unter gewissen Voraussetzungen nicht mehr auf den Standpunkt der

Gutgläubigkeit stellen, und die Honorierung einer Vollmacht könnte da ‹Probleme› bereiten.» (Anmerkung: Verletzung der Erbpflichtanteile)

Banque Générale, Zürich (mündliche Stellungnahme):
«Noch werden Vollmachten über den Tod hinaus honoriert, jedoch ungern. Für neu eröffnete Beziehungen ist man in dieser Hinsicht sehr zurückhaltend eingestellt.»

Gotthard-Bank, Zürich (mündliche Stellungnahme):
«Vollmachten sind über den Tod des Kontoinhabers hinaus gültig. Falls der Kontobesitzer vermeiden will, dass eine solchermassen ausgestellte Vollmacht schon zu Lebzeiten ausgeübt wird, schlägt das Institut vordatierte Vollmachten vor, indem z. B. die Vollmacht drei Monate vordatiert und regelmässig auf die gleiche Art ersetzt wird.»

UBS (Schweizerische Bankgesellschaft), Zürich (mündliche Stellungnahme):
«Jegliche Vollmachten, auch jene betreffend Nummernkonten, sind immer über den Tod des Kontoinhabers hinaus gültig.» Ich erkundigte mich spezifisch, ob dies auch wirklich für Drittpersonen ohne Verwandtschaftsgrad gelte. Es wurde dies ausdrücklich bejaht, obwohl eingewandt wurde, dass «eventuell eine Kontosaldierung durch eine(n) Bevollmächtigte(n) nicht möglich sein könnte». Ich fragte darauf, ob also ein Bevollmächtigter nach dem Tod des Kontoinhabers von einem Depot, welches angenommenerweise über eine Million Franken verfüge, ein Betrag von 990 000 Franken abdisponiert werden könne. «Kein Problem», wurde erwidert. Man könnte also als Bevollmächtigter den Kontosaldierungswunsch leicht umgehen, indem man einfach ein paar Franken auf dem Konto, über welches man eine Vollmacht innehat, liegenlässt.

Basler Kantonalbank, Zürich (mündliche Stellungnahme):
«Eine persönliche Vollmacht ist immer über den Tod des Vollmachtgebers hinaus gültig, und die Erteilung einer solchen an eine Drittperson stellt kein Problem dar. Im Todesfall wird die bevollmächtigte Person umgehend kontaktiert, und es wird dieser nahegelegt, umgehend ein neues, eigenes Konto zu eröffnen.» Ich wollte wissen, was im Todesfall passiert, falls die bevollmächtigte Person alle Gelder umgehend abzieht und die Familie des Verstorbenen Ansprüche stellt. Es wurde erwidert, dass dies ein Problem der Familie des Verstorbenen darstelle und diese notfalls gegen die bevollmächtigte Person klagen müsse.

Wie Sie sehen, bestätigen nahezu alle Banken, dass ausgestellte Vollmachten über den Tod des Kontoinhabers hinaus gültig sind. Weshalb also die Aufregung? Nummernkonten stellen anscheinend hinsichtlich Nachfolge nicht das geringste Problem dar.

Man stellt zu Lebzeiten einfach eine Vollmacht zugunsten einer Drittperson aus, welche dann nach dem Tod des Kontoinhabers frei über die Kontomittel verfügen kann. Dies ist jedenfalls die nach wie vor vorherrschende Annahme fast aller Inhaber von Nummernkonten – und die Mehrheit der Schweizer Bankinstitute bestärkt sie in dieser Annahme auch. Wenn man aus obigen Stellungnahmen den Konsens herausschält, ohne zu versuchen, zwischen den Zeilen zu lesen, so lautet dieser sehr einfach: «Vollmachten sind über den Tod des Kontoinhabers hinaus gültig.» Das ist richtig, und ich habe dagegen auch nichts einzuwenden.

Die Frage ist jedoch, ob die nach dem Tod des Kontoinhabers formal gültige Vollmacht auch wirklich honoriert wird. Und da habe ich grosse Zweifel und berechtigte Skepsis. Diverse Banken, welche ich auf dieses Thema angeschrieben habe, zogen es vor, deren Stellungnahme hinsichtlich Gültigkeit einer Vollmacht nach dem Tod des Kontoinhabers mündlich zu kommentieren. Zwar erhielt ich von den meisten angeschriebenen Instituten eine schriftliche Antwort (einige wenige, offensichtlich schlecht organisierte Häuser antworteten nicht) samt Kontoeröffnungsformularen, schönen Broschüren (welche den Werdegang der fraglichen Bank sauber präsentierten, ansonsten jedoch eher nutzlos sind) und weiterem Werbematerial, doch viele gingen mit keinem Wort auf den Kern meiner Anfrage ein: Sind Vollmachten zugunsten von Drittpersonen effektiv über den Tod des Kontoinhabers hinaus gültig? Der Grossteil der Institute, welche auf meine Anfrage antworteten, meldeten sich, wie erwähnt, telefonisch bezüglich der Vollmachtsfrage. Offensichtlich wollte man sich in dieser Hinsicht lieber nicht schriftlich festlegen.

Im Laufe dieser telefonischen Gespräche fielen Hinweise, dass unter gewissen Umständen schon Probleme auftauchen könnten hinsichtlich vorbehaltloser Honorierung der Vollmacht zugunsten von Nichtfamilienangehörigen. Zuweilen wurde eingeräumt, man müsse «gutgläubig» sein, so dass direkten Familienangehörigen möglicherweise nicht Erbanteile vorenthalten würden. Fazit dieser Erläuterungen: Die Vollmachten sind formaljuristisch über den Tod hinaus gültig, jedoch mit unzähligen Wenn und Aber behaftet hinsichtlich Honorierung. Es nützt Ihnen als Inhaber eines Nummernkontos nichts zu wissen, dass eine Vollmacht über Ihren Tod hinaus legale Gültigkeit hat, jedoch de facto durch die Bank möglicherweise nicht honoriert wird. Dies ist zum Beispiel mit sehr grosser Wahrscheinlichkeit der Fall, wenn Sie Ihre Familienangehörigen teilweise oder ganz von der Nachfolge Ihres Nummernkontos ausschliessen wollen, indem Sie – angenommenerweise – eine über Ihren Tod hinaus gültige Vollmacht an Ihren besten Freund oder Ihre Freundin ausstellen.

Auf diesem scheinbar einfachen und informellen Weg beabsichtigen Sie, die unter Ihrem Nummernkonto hinterlegten Aktiven einem lieben Neffen zweiten Grades oder einer lieben Freundin ersten Grades zu vermachen oder vielleicht nur jenen Teil Ihrer Verwandtschaft für die Nachfolge zu berücksichtigen, der sich zu Ihren Lebzeiten

Ihnen gegenüber anständig benommen hat. Die meisten Inhaber von Nummernkonten sind der Meinung, dass deren über ihren Tod hinaus gültige Vollmacht zugunsten von Drittpersonen einen De-facto-Ersatz eines Testaments, bezogen auf ebendieses Nummernkonto, darstellt. Die meisten Banken unterstützen diesen Glauben auch aktiv, obwohl sich der Vollzug schon zu ändern begonnen hat.

Schweizer Uhren ticken langsam. Vorsichtige Institute, welche die Zeichen der Zeit erkannt haben, lassen zwar die neue Kundschaft weiterhin Vollmachtsformulare unterzeichnen, welche schwarz auf weiss besagen, dass Vollmachten über den Tod des Kontoinhabers hinaus Gültigkeit haben. Kommt es jedoch zum Hinschied eines Kunden, verlangen laufend mehr Banken eine Kopie des Testamentes. Ist dieses hinsichtlich Begünstigung in keiner Weise kongruent mit jener des Nummernkontos (d. h., besteht hier eine Vollmacht zugunsten einer im offiziellen Testament unerwähnten Drittperson), so ist es keineswegs unüblich, dass die Bank die formal über den Tod des Kontoinhabers hinaus gültige Vollmacht nicht honoriert. Einige Banken (und es werden bald viele sein!) stellen sich auf den Standpunkt, dass die Ausstellung einer Vollmacht nicht die Absicht des Kontoinhabers darstellt, die unter dem fraglichen Konto hinterlegten Aktiven dem Vollmachtnehmer zu verschreiben, sondern vielmehr einen Auftrag an diese Person darstellt, einen fiduziarischen Auftrag zu vollziehen. Im vorliegenden Fall heisst dies also anscheinend, dass der Vollmachtnehmer lediglich eingesetzt ist, den Letzten Willen des Kontoinhabers hinsichtlich der unter dem Nummernkonto hinterlegten Gelder zu vollziehen. Diese neuerdings sich ausbreitende Interpretation der Post-mortem-Vollmacht ist jedoch höchst problematisch und vor allem auf den eigenen Schutz der Banken ausgerichtet.

Auch ist die Schweizer Bankenwelt in diverser Hinsicht arg unter Druck geraten. Je mehr sich die Schweiz der Europäischen Union annähert, desto grösser wird der Druck der Benehmenskonvergenz auch hinsichtlich der Gültigkeit von Vollmachten über den Tod des Kontoinhabers hinaus! In der Schweiz bestehen Hunderttausende von Nummernkonten, und hinter jedem tickt eine Zeitbombe. Die «Detonation» erfolgt selten oder nie zu Lebzeiten eines Nummernkontoinhabers. In Zukunft sind jedoch Probleme nach dem Ableben programmiert, denn es ist ganz einfach nicht (mehr) wahr, dass die Banken die Vollmachten ihrer Kundschaft nach dem Tod unbesehen honorieren. Die Finanzinstitute lassen jedoch die Kunden stillschweigend im Irrglauben, die Begünstigung der Nummernkonten sei weiterhin durch Bestehen von Post-mortem-Vollmachten geregelt. Nummernkonten sind in der Schweiz weiterhin kommerziell von grosser Wichtigkeit – aber das Thema der Post-mortem-Vollmachten wird nicht mal hinter vorgehaltener Hand diskutiert.

Kunden, denen meine These glaubhaft erscheint, bleiben im allgemeinen nicht untätig. Sie gehen der Sache auf den Kern, besprechen sich eingehend mit der Rechtsabteilung ihrer Bank, wie auch vielleicht mit externen Rechtsberatern, und kommen zum Schluss, dass die Zeitbombe entschärft werden muss: Das Nummernkonto muss liquidiert werden. Doch wohin mit dem Geld? Lesen Sie weiter. Die Lösung folgt.

Sie müssen sich bewusst sein, dass es Dinge auf dieser Welt gibt, die zwar Gültigkeit haben können, doch gleichwohl nicht honoriert werden. Zum Beispiel Notengeld einer moribunden Zentralbank, das offizielles Zahlungsmittel ist, dem jedoch keiner traut und das keiner haben will. Oder eine Post-mortem-Vollmacht einer Schweizer Bank, die über den Tod des Kontoinhabers hinaus gültig ist, doch möglicherweise nicht honoriert wird. Unangenehm. Unternehmen Sie also etwas dagegen, solange dies möglich ist, das heisst zu Ihren Lebzeiten. Nummernkonten funktionieren einwandfrei, solange der Kontoinhaber lebt.

Leider dauert dieser Zustand nicht ewig. Nach dem Tod des Eigners des Nummernkontos ergeben sich fast immer Schwierigkeiten, die sich im besten Fall als Streitigkeiten und Unklarheiten hinsichtlich Nachfolge äussern. Wahrscheinlicher sind Anfechtungen der Post-mortem-Vollmacht durch die Bank oder die Hinterbliebenen. Und das ist nun wirklich das letzte, was Sie durch das Hegen und Pflegen eines Nummernkontos erreichen möchten. Durch die Kontestation der Vollmacht werden die Aktiven erst einmal blockiert und sind für niemanden zugänglich. Im glücklichsten Fall findet man einen Nachfolgekonsens, doch die Erfahrung zeigt, dass für Nummernkonten fast immer rechtliche Nachfolger eingesetzt werden, die nicht mit dem Letzten Willen des Verstorbenen kongruent sind. Wie Sie vorgehend erfahren haben, behaupten die Banken, dies sei irrelevant. Schenken Sie dieser Zusicherung keinen Glauben und schaffen Sie fast garantierte Zukunftsprobleme aus dem Weg, indem Sie eine Stiftung gründen. Nicht irgendeine Stiftung, sondern eine Ermessensstiftung.

Ermessensstiftung – die Lösung?

Was ist eine Ermessensstiftung? Die Rechtsstruktur dieser Einrichtung stammt aus dem angelsächsischen Raum, nennt sich dort «Discretionary Trust» oder «Discretionary Foundation» und hat sich seit Jahrhunderten bewährt. Gleichwohl findet die Ermessensstiftung im deutschsprachigen Raum noch nicht weitverbreitete Anwendung, da man sich meistens für die konventionelle Familienstiftung entscheidet. Diese hat den expliziten Nachteil, dass die Erst- und Nachfolgebegünstigung nicht einer Ermessensentscheidung unterliegt, sondern durch den Gründer der Stiftung festgelegt wird. Es besteht also ein fester Begünstigtenkreis. Sie werden sich fragen, warum ich es als Nachteil betrachte, dass die Begünstigten zum voraus fest bestimmt sind. Nun, die Praxis zeigt, dass es von sehr grossem Vorteil sein kann, wenn man als Begünstigter aussagen kann, man verfüge über keinen Rechtsanspruch hinsichtlich Ausschüttungen. Dies ist bei einer Standardstiftung nicht der Fall, wogegen in der Ermessensstiftung der Begriff des «wirtschaftlich Berechtigten» völlig vermieden werden kann. Ich bin der Meinung, dass die Discretionary Foundation – die Ermessensstiftung – den idealen Ersatz für ein konventionelles Nummernkonto darstellt, solange sich der Anlagewert auf etwa eine Million Franken oder mehr beläuft.

Im Gegensatz zur konventionellen Standardstiftung bestehen keine festen Begünstigten der Stiftung, sondern ein sehr flexibler Begünstigtenkreis, welcher durch Beistatuten definiert wird. Was heisst das? Die Beistatuten legen fest, dass der Begünstigtenkreis der Stiftung (beispielsweise) aus den Mitgliedern der Familien A und B besteht. Unter den Mitgliedern dieser Familien sind alle Personen zu verstehen, die als gesetzliche Erben des Stifters in Frage kommen. Es ist im weiteren von Vorteil, wenn die Beistatuten stipulieren, dass die Stiftung auch ausserhalb der Familienkreise A und B an bestimmte oder unbestimmte natürliche oder juristische Personen Ausschüttungen vornehmen oder ihnen sonstige wirtschaftliche Vorteile gewähren kann.

Die letzten zwei Sätze werden Sie wahrscheinlich verwirren oder als Stifter verunsichern. Ihre Absicht ist es, zum voraus zu bestimmen, wer Ihrer Lieben nach Ihrem Tod zu Geld kommt, und Beistatuten, die lediglich einen «Kreis von Begünstigten» definieren, erscheinen Ihnen wahrscheinlich ungeheuerlich. Die Beistatuten stellen lediglich das offizielle Dokument hinsichtlich Begünstigung dar. Es wird nämlich gleichzeitig eine sogenannte Absichtserklärung zuhanden des Stiftungsrates erstellt, in welcher Sie konkret und spezifisch darlegen, an wen und zu welchem Zeitpunkt Ausschüttungen aus dem Stiftungsvermögen auszuführen sind. Das heisst beispielsweise, dass Sie in dieser Absichtserklärung den Mitgliedern des Stiftungsrates die Weisung geben, dass Sie selbst zu Lebzeiten Erstbegünstigter sind. Sie stipulieren sodann genauestens, auf wen die Begünstigung nach Ihrem Ableben lautet, wobei hier die ausgeklügeltsten Methoden Anwendung finden können. Sie können die nötigen Vorkehrungen treffen, dass Ihren Kindern oder Grosskindern die Ausbildung finanziert wird, doch Kapitalabfindungen erst ab einem durch Sie festgelegten Alter vorgenommen werden dürfen. Sie können vorgeben, dass etwelchen Grosskindern, die zum Zeitpunkt der Stiftungserrichtung noch gar nicht geboren sind, zum ersten Geburtstag ein Sparheft über 10000 Franken eröffnet wird, oder gar stipulieren, dass ein Anfechten der Begünstigtenrechte für die betreffende Person automatisch den Ausschluss aus dem Kreis der Begünstigten zur Folge hat. Kurz, Sie sind völlig frei in der Formulierung Ihrer Wünsche hinsichtlich der Begünstigtennachfolge. In eben dieser Absichtserklärung ist es jedoch wichtig und effektiv unerlässlich, dass Sie ausdrücklich betonen, es sei nicht Ihre Absicht, dem Stiftungsrat irgendwelche wie auch immer geartete bindende Aufträge aufzuerlegen, sondern dass Sie lediglich Ihre Wünsche über die Verwendung des Stiftungsvermögens anmelden. Letzteres stösst im deutschsprachigen Raum wiederum gelegentlich auf Unverständnis, da zuweilen die Skepsis auftritt, ob denn die Stiftungsratsmitglieder eine Absichtserklärung ohne gesetzliche Bindungsvorschrift überhaupt honorierten.

Die Ermessensstiftung ist eine wohldurchdachte Einrichtung und sorgt auch hier für die Lösung. Diese sieht nämlich die Bestimmung eines «Protektors» vor, welcher als Innenorgan den Stiftungsrat überwacht, dass dieser entsprechend der Struktur der Stiftung ausschliesslich unter Berücksichtigung der Stiftungsstatuten, Beistatuten und Absichserklärung agiert. Der Protektor kontrolliert und überwacht alle Handlungsaspekte der Stiftung, vor allem natürlich sämtliche Beschlüsse hinsichtlich Ausschüttungen. Ohne Zustimmung des Protektors kann der Stiftungsrat überhaupt nichts beschliessen. Wer nimmt nun diese «Machtposition» des Protektors ein? Dieser Schlüsselposten wird durch Sie bestimmt, indem Sie eine Person zum Protektor ernennen, der Sie uneingeschränkt vertrauen. Es ist üblich, dass auch ein «Nachfolgeprotektor» bestimmt wird, der die Rolle des Protektors einnimmt, falls der Erstbestimmte ausfällt. Der Protektor ist Ihr Garant, dass Ihre Absichtserklärung nach Ihrem Ableben exakt nach Ihren Weisungen ausgeführt wird. Wenn Sie nun einwenden, dass Sie noch immer keine Sicherheit haben, dass Ihr bislang auf einem Nummernkonto hinterlegtes Vermögen einmal ehrlich verteilt wird, so kann ich Ihnen nur eines entgegnen: Irgend jemandem muss man im Leben vertrauen. Man hat gar keine andere Wahl. Und sollte man dies verneinen, ist jedes Vermögen bedeutungslos!

Die Ermessensstiftung ist in der Tat die beste Art, sich vor den lauernden Gefahren eines Nummernkontos zu schützen. Der Aufwand ist klein, und die Kosten sind verhältnismässig gering (jährliche Spesen von ca. 6000 Franken). Stossen Sie sich nicht daran, dass Sie gegenüber dem Protektor und dem Stiftungsrat viel Vertrauen aufbringen müssen. Es birgt ein unvergleichlich kleineres Risiko für Sie, als einer Vollmacht eines Nummernkontos zu vertrauen. Die Errichtung einer Ermessensstiftung ist für Inhaber von Nummernkonten die klügste Entscheidung. Genauso wie die Vergabe einer Vollmacht zugunsten einer Drittperson Vertrauen voraussetzt, erfordert die Bestimmung eines Protektors und des Stiftungsrates eine innere Zuversicht, dass man sich auf bestimmte Menschen verlassen kann. Die Engländer haben für diese Einrichtung den treffendsten Begriff kreiert: «Discretionary Trust», was soviel heisst wie Vertrauen nach Ermessen. Ohne Vertrauen geht nichts. Keine Ehe, kein Vertrag, keine Vermögensverwaltung, keine Nachlass- oder Vollmachtsweisungen. Die Welt kann nicht so schlecht sein, dass man niemandem vertrauen kann.

Schweizer Bankgebühren: Von Transparenz keine Spur

Es ist schon eigenartig, dass Vermögensverwaltungsgebühren oft einer Rechtfertigung bedürfen. Es kommt immer wieder vor, dass Klienten ein Honorar nur zögerlich zu bezahlen bereit sind. Manchmal erwarten Klienten eine Beratung (und führen dann die empfohlenen Anlageschritte vielleicht selbst aus). Zuweilen kommt es sogar vor, dass ein Anleger ein Verwaltungsmandat erteilt und ernsthaft vorschlägt, dass man mit der Verwaltung beginnen könne. Gratis. Wenn dann das Anlageresultat zufriedenstellend ausfalle, könne man immer noch eine Gebühr in Betracht ziehen. Es ist mir ein Rätsel, warum die Entscheidungsfindung nichts oder wenig kosten soll, während die Ausführung eines Börsenauftrages durch die Bank, welche die Wertschriften lediglich verwahrt, fürstlich honoriert sein soll. Stellen Sie sich vor, Sie bauen ein Haus und schlagen dem Architekten vor, dass sein Konzept gratis sein soll, doch dass Sie gegen die Honorare des Bauzeichners nichts einzuwenden haben.

Die kreative Arbeit des Architekten ist Ihnen doch einiges wert, die Planzeichnerei jedoch, die Routinearbeit, muss indes günstig sein. Genauso sollte es sich in der privaten Vermögensverwaltung verhalten. Ihr persönlicher Berater bringt nämlich bedeutend mehr Zeit für Sie auf, als Sie vermuten, und die Wahrung Ihrer materiellen Interessen liegt primär und ganz eindeutig bei dieser Vertrauensperson. Natürlich muss Ihr Vermögen bei einem qualitativ einwandfreien Institut hinerlegt sein, welches imstande ist, Ihr Wertschriftenkonto fehlerlos zu führen und die Aufträge des Vermögensverwalters exakt und termingerecht auszuführen. Ihre Bankbeziehung ist auch eine Vertrauensbeziehung, doch was darf diese Dienstleistung kosten? Haben Sie sich schon einmal die Zeit genommen, die «Honorare» Ihrer Wertschriftenbank einer kritischen Prüfung zu unterziehen, die entsprechenden Kosten über ein Jahr zu kumulieren, um diese dann den Gebühren Ihres Vermögensverwalters gegenüberzustellen? Wahrscheinlich nicht, denn die Bankkommissionen werden gemeinhin als unvermeidbares, notwendiges Übel angesehen. Sozusagen Force majeure.

Selbst wenn Sie die Zeit nicht scheuen würden, diese Arbeit auf sich zu nehmen, wären Sie bestimmt nicht in der Lage, die wahren Kosten, die Ihnen die Bank verrechnet, zu eruieren. Viele Kommissionen sind versteckt, verdeckt, eingeschlossen, pauschal oder netto verrechnet, wie immer man dies umschreiben will. Die in der Schweiz angewandten Devisenkurse – ein Paradebeispiel für die Tarnung von Kommissionen – lassen grüssen. Die gesamten Bankkommissionen Ihres Wertschriftendepots sind bedeutend höher, als Sie annehmen! Dies wäre halb so schlimm, wenn für

Sie als Kunde Transparenz bestünde hinsichtlich der Kosten Ihrer Bankbeziehung. In der freien Marktwirtschaft ist es durchaus legitim, dass der Anbieter einer Dienstleistung oder eines Produktes die Kosten derselben frei bestimmen kann und der Kunde nach Kenntnisnahme entscheidet, ob die Leistung in einem vernünftigen Verhältnis zur erbrachten Leistung steht. Louis Vuitton versteht es, eine Plastik-Damentasche für tausend Dollar zu verkaufen. Das ist absurd und in keinem Verhältnis zum Gegenwert. Und doch ist diese Preispolitik in Ordnung, denn die schicke Kundschaft kauft freiwillig einen Plastikbeutel zu einem offensichtlich zu hohen Preis.

Mit den Schweizer Bankgebühren verhält es sich dagegen völlig anders. Man hat keine Ahnung, wie hoch die Margen der Bank sind, obwohl dem Klienten die Geschäftstarife bereitwillig ausgehändigt werden. Nehmen wir uns zum Beispiel der Börsenkommissionen an. Bis vor kurzem (bis ca. Sommer 1997) stellten die Schweizer Banken die Transaktionskommissionen der ausländischen Spesen sowie der eigenen Kommission separat in Rechnung. Die eigene Courtage (Kommission) wurde gemäss eigenem, publiziertem Banktarif berechnet, und es folgte die «unschuldige» Zeile «fremde Kommission» oder «ausländische Kommission». Hier wurden, wie der Text (scheinbar) besagt, die Börsenkommissionen des ausländischen Brokers oder der ausländischen Bank in Rechnung gestellt. «Durchaus legitim», werden Sie sagen. Schon, nur dass der effektiv angefallene Aufwand meistens ein bisschen aufgerundet wird. Ein bisschen viel sogar.

Nehmen wir das Beispiel der USA. Die fixen Kommissionen sind an den Börsen der Vereinigten Staaten seit langer Zeit dereguliert und werden zwischen dem Broker und dem Auftraggeber (der Bank) ausgemacht. Je nach getätigtem Umsatzvolumen werden Kommissionsansätze ausgehandelt. Schweizer Banken, die über einen einigermassen aktiven Fluss von Börsentransaktionen verfügen, bezahlen etwa 6 Cent Kommission pro gehandelte US-Aktie. Seien wir grosszügig: Nehmen wir 10 Cent pro Aktie an, die für Sie als Kunde einer Schweizer Bank effektiv im Ausland (in New York) anfallen. Sie kauften also zum Beispiel 500 Aktien Intel zum Kurs von 80 $, womit die amerikanische Börsenkommission auf 500x10 Cent, d. h. 50 $, zu stehen kommt. Und was hätte die Schweizer Bank Ihnen in Rechnung gestellt? 50 $, werden Sie entgegnen. Weit gefehlt! Bis vor kurzem hat Ihnen Ihre Schweizer Bank für eine US-Transaktion in dieser Grössenordnung wahrscheinlich eine «ausländische Courtage» von ca. 0,6–0,8% der Kosten der Börsentransaktion belastet, was im vorliegenden Beispiel des Intel-Kaufs mindestens etwa 240 $ entspricht (0,6% von 40000 $). Bezahlt hat die Bank 50 $ an fremden Kommissionen. Ihnen wurden frisch-fröhlich 240 $ belastet, und dies notabene unter dem Betreffnis «fremde Kommission» oder ähnlich.

Man könnte unzählige weitere vergleichbare Beispiele anfügen. Das «Aufrunden» wurde im allgemeinen an allen ausländischen Börsenplätzen grosszügig praktiziert, wodurch der eigene Kommissionsertrag beträchtlich gesteigert wurde. Als Kunde haben Sie keine Ahnung, wie hoch die Börsenkommissionen in Neuseeland oder Schweden sind. Jedes Land hat eigene Tarifstrukturen. Sie werden die «ausländischen Kommissionen» als unvermeidlich hingenommen haben, manchmal vielleicht erstaunt über die hohen Gebühren der bösen Ausländer. Die Banken haben zwar in den Geschäftstarifen die «ausländischen Börsenkommissionen» publiziert, doch kaum ein unvoreingenommener Kunde hätte je vermutet, dass hier zusätzlich eine happige eigene Kommission eingebaut wurde. Es ist dies mehr als Vortäuschung falscher Tatsachen. Ich überlasse es Ihnen, den entsprechenden, passenden Begriff zu formulieren. «Unlauter» ist das mindeste, was einem zu dieser Praxis einfällt. Bedenklich stimmt mich, dass keine Aufsichtsbehörde jemals Einwände gegen diese Usanz erhob.

Wie Sie als aufmerksamer Leser festgestellt haben dürften, habe ich erwähnt, dass Schweizer Banken «bis vor kurzem» separat aufgeführte, «fremde» oder «ausländische» Börsenkommissionen belastet haben, welche im allgemeinen grosszügig zugunsten der Bank aufgerundet wurden. Da dieser unerfreuliche Umstand als in die Vergangenheit gehörend beschrieben wurde, werden Sie vielleicht aufatmen in der Annahme, diesem Missstand sei nunmehr abgeholfen worden. Weit gefehlt! Vielen Banken ist allerdings mulmig zumute geworden, denn vielen jüngeren Klienten sind die ausländischen Börsen-Transaktionskosten durchaus bekannt.

Oft ist es vorgekommen, dass ein ausländischer Kunde über sein Schweizer Konto Aktien in seinem Heimmarkt handelte (z. B. ein Schwede, der seine Zürcher Bank beauftragte, in Stockholm Volvo-Aktien zu kaufen). Gut informiert über die Börsen-Courtagen im eigenen Land, stellte der verhaltene Nordländer jeweils fest, dass ihm seine Schweizer Bank bedeutend mehr verrechnete, als diesem in Schweden in Rechnung gestellt wurde. Er wurde bei der Bank vorstellig und reklamierte. Der Schweizer Banker wand sich und hatte Mühe, die eigene Belastung der «fremden Börsenkommission» zu erklären. «In Anbetracht der guten Klientenbeziehung...» war man dann ausnahmsweise bereit, die fragliche Gebühr auf das wirkliche Kostenniveau zu reduzieren. Aus Gefälligkeit – mit der kleinen Auflage verbunden, dass man dies nicht publik machen soll.

Solche Vorkommnisse waren für die Banken unangenehm und alles andere als dem Goodwill förderlich. Der gutmütige Schwede ist Geschäftsmann und realisiert sehr wohl, dass es nicht gutem Stil und Bankethik entspricht, einem Kunden ausländische Kosten weiterzubelasten, diese jedoch zugunsten des eigenen Instituts aufzublähen. Den Banken ist nun, wie angetönt, angesichts des fortschreitenden Bildungsstandes der Klienten über die ausländischen Börsenkommissionen unwohl geworden. Doch wie konnte der brisanten (und sehr profitträchtigen) Angelegenheit der Wind aus den Segeln genommen werden ohne Einbusse der nunmehr gewohnheitsmässig gewordenen Gewinnmarge auf ausländischen Kommissionen? Das neue Bundesgesetz über Börsen- und Effektenhandel, welches am 1. Februar 1997 in Kraft getreten ist, bietet die ideale Gelegenheit dazu. Die neuen, in diesem Gesetz durch die Schweizerische Bankiervereinigung formulierten Richtlinien hinsichtlich Verhaltensregeln der Effektenhändler (= Banken) regeln die Informations-, Sorgfalts- wie auch Treuepflicht der Effektenhändler gegenüber ihren Kunden. Dieses Gesetz ist am 1. August 1997 in Kraft getreten. Die Schweizerische Bankiervereinigung verfasste eine Informationsbroschüre, die für Sie als Bankkunde interessante Fakten zutage bringt. Die Informationsschrift beginnt mit einer Präambel, die unter anderem besagt: «Die nachfolgenden Verhaltensregeln sind als Richtlinien vom Verwaltungsrat der Schweizerischen Bankiervereinigung im Bestreben erlassen worden, den guten Ruf der schweizerischen Effektenhandelstätigkeit im In- und Ausland und insbesondere deren hohe Qualität zu wahren und zu fördern. Kunden, die in der Schweiz angebotene Effektengeschäfte abschliessen, sollen sich darauf verlassen können, dass die Dienstleistungen professionell, fair und transparent erbracht werden.» Das tönt doch sehr vielversprechend...

Weiter heisst es: «Die Effektenhändler [die Banken] sind ferner gehalten, die von ihnen angebotenen Leistungen in angemessener Form offenzulegen, damit die Kunden die gegenseitigen Rechte und Pflichten aus dem Effektenhandelsgeschäft sowie die mit bestimmten Geschäftsarten des Effektenhandelsgeschäfts verbundenen Risiken ausreichend beurteilen können.»

«Endlich!» denkt man. Nun sind also Verhaltensregeln der Schweizerischen Bankiervereinigung hinsichtlich Transparenz und Offenlegung erlassen worden. Es wird nämlich weiter stipuliert (Art. 1b): «Der Effektenhändler hat gegenüber seinem Kunden eine Sorgfaltspflicht; er stellt insbesondere sicher, dass die Aufträge seiner Kunden bestmöglich erfüllt werden und diese die Abwicklung seiner Geschäfte nachvollziehen können.»

Die Banken werden sich auf den Standpunkt stellen, dass diese Richtlinie die Ausführungskurse betrifft und nichts mehr. Da bin ich anderer Meinung. Die «Abwicklung eines Geschäftes» gilt sehr wohl auch für die Spesen, welche bei der Abwicklung desselben anfallen!

Eigenartig ist die Kommentierung der Schweizerischen Bankiervereinigung hinsichtlich der Sorgfaltspflicht, welche Art. 5 stipuliert: «...bestmögliche Erfüllung in preismässiger, zeitlicher und quantitativer Hinsicht.» Dieser Kommentar besagt nämlich: «Soweit nicht mit dem Kunden individuell vereinbart, dürfen keine Geschäfte zu einem vom Marktpreis erheblich abweichenden Preis abgeschlossen werden.» Ist das nicht selbstverständlich? Dürfen also Geschäfte zu einem vom Marktpreis «ein bisschen» abweichenden Preis abgeschlossen werden? Reichlich eigenartig, finde ich. Nun jedoch zurück zu unserem Thema hinsichtlich im Ausland anfallender, effektiver

Kommissionen. Jetzt wird's interessant. Art. 7 der Verhaltensregeln für Effektenhändler widmet sich der «Transparenz bei der Abrechnung»:

«Der Effektenhändler hat dem Kunden gegenüber in der Transaktionsabrechnung mindestens Angaben hinsichtlich Anzahl der gehandelten Effekten, Ort der Ausführung, Kurs sowie Transaktionskosten (Kommissionen, Gebühren, Abgaben, Spesen etc.) zu machen.» Im nachfolgenden Kommentar heisst es dann auch deutlich: «Art. 7 Abs. 1 nennt die Informationen, die der Effektenhändler dem Kunden ohne anderslautende Vereinbarung in der Transaktionsabrechnung spontan zu erteilen hat. Im Rahmen seiner Rechenschaftspflicht ist der Effektenhändler sodann verpflichtet, dem Kunden auf dessen Verlangen weitere Angaben zur Transaktionsausführung zu machen, soweit er aufgrund seiner Journalführungspflicht darüber verfügt.»

Verlangen Sie also den genauen ausländischen Kommissionsbetrag, den Ihre Bank für Ihr Börsengeschäft entrichten musste! Weiter heisst es im Kommentar hinsichtlich dieses Transparenzartikels: «Im Rahmen einer detaillierten Transaktionsabrechnung sind dem Kunden die effektiv bezahlten fremden Kommissionen, Gebühren, Abgaben und Spesen zu fakturieren.» Jetzt können wir aufatmen. Schwarz auf weiss steht geschrieben, dass die effektiv durch den ausländischen Broker in Rechnung gestellten Kommissionen dem Kunden zu belasten sind. Der Freudennachricht folgt sogleich ein unglaublich anmutender Passus, der alle andern, scheinbar klar verordneten Transparenzregeln zur Farce macht: «Bei Vereinbarung von Kostenpauschalen ist festzulegen, welche Bestandteile der gesamten Transaktionskosten durch die Pauschale abgedeckt sind. Die Einzelheiten der Kostenabrechnung müssen jedoch nicht offengelegt werden.» Konkret heisst das, dass die Banken seit dem 1. Februar 1997 das Recht haben, entweder dem Kunden detailliert Rechnung zu stellen über Wertschriftenkäufe im Ausland und ihm somit die effektiven, ausländischen Kommissionen zu berechnen oder dem Klienten eine Wertschriftenabrechnung aufgrund eines «pauschalen Kostensatzes» zu stellen, indem für die bankeigene Courtage und die ausländische Kommission ein Gesamtbetrag belastet wird.

Sie dürfen nun dreimal raten, welche Variante fast alle Banken gewählt haben. Natürlich entschieden sich alle für die «Pauschallösung», was zur Folge hat, dass Ihre heutige Bankabrechnung für ein ausländisches Börsengeschäft nicht mehr erstens eine Schweizer Kommission und zweitens eine – überhöhte – «fremde Kommission» aufführt, sondern nur noch eine einzige Kommissionsbelastung (eben eine «Pauschale»). Art. 7 der Verhaltensregeln für Effektenhändler, welche den sinnigen Titel «Transparenz bei der Abrechnung» trägt, ist eine Farce! Nun sind umgehend neue Geschäftstarife durch die Banken publiziert worden, in welchen durchwegs die neu sanktionierten «pauschalen Börsenkommissionen» aufgelistet sind. Es ist nun nicht mehr erkennbar, dass die im Ausland bezahlten Kommissionen massiv überhöht weiterbelastet wurden. Auch für den Eingeweihten ist es nun nicht mehr möglich, effektiv festzustellen und dementsprechend zu monieren, dass die durch die Schweizer Banken verrechneten «ausländischen Kommissionen» überhaupt nicht den in Stockholm, Frankfurt, New York oder anderswo in Rechnung gestellten Brokerkommissionen entsprechen. Um Ihnen den Sachverhalt zu veranschaulichen, führe ich nachfolgend ein Beispiel auf:

Nehmen wir an, zwei verschiedene Klienten hätten ihre Schweizer Bank beauftragt, in den USA Intel-Aktien zu kaufen. Der erste kauft 700 Stück, der zweite ist ein bisschen reicher und kauft 1400 Stück. Die nachfolgende Aufstellung zeigt auf, wieviel diese Kunden aufgrund der bis vor kurzem gültigen Praxis der Separatbelastung der ausländischen Courtage bezahlt hätten und wieviel die Kosten aufgrund der heutigen «Pauschalbelastung» der Kommissionen ausmachen. Es sei hier angemerkt, dass die aufgeführten Kommissionen einem Durchschnitt diverser Schweizer Bankhäuser entsprechen. Falls Sie eigene Belege zum Vergleich heranziehen, werden Sie feststellen, dass das folgende Beispiel eher auf bescheidenen Courtage-Annahmen basiert.

Die Berechnungsgrundlage sei: A) Kauf 700 Intel-Aktien à 80 $, entsprechend 78 400 Franken; B) Kauf 1400 Intel-Aktien à 80 $, entsprechend 156 800 Franken.

	Kauf «A» für 78 400 Franken		**Kauf «B» für 156 800 Franken**	
	vor «Pauschalierung»	heute	vor «Pauschalierung»	heute
eigene Kommission der Schweizer Bank	ca. 0,9% = Fr. 706	ca. 1,65% = Fr. 1294	ca. 0,7% = Fr. 1098	ca. 1,4% = Fr. 2196
belastete ausländische Kommission	ca. 0,75% = Fr. 588	–	ca. 0,7% = Fr. 1098	–
Total Kommissionen	**Fr. 1294**	**Fr. 1294**	**Fr. 2196**	**Fr. 2196**
effektive ausländische Kommission*	Fr. 98	Fr. 98	Fr. 196	Fr. 196
Somit: zu Unrecht als ausländische Kommision belastet	**Fr. 490**	**	**Fr. 902**	**

* Annahme aufgrund von Erfahrungswerten
** nicht mehr nachvollziehbar

Wie Sie sehen, bleibt alles beim alten. Sie bezahlen heute genau gleich viel (für kleinere Transaktionen vielleicht sogar ein bisschen mehr) als früher, doch nun ist es unmöglich geworden, eine überhöhte Belastung fremder Kommissionen nachzuweisen. Nun ist alles legal. Die vormals wirklich unkorrekt in Rechnung gestellten ausländischen Kommissionen sind nun sauber in den «Pauschalkommissionen» eingebettet.

Schauen Sie sich den obigen Vergleich nochmals an. Für den Kauf von 1400 Intel-Aktien hat Ihnen Ihre Bank sage und schreibe 902 Franken mehr an ausländischen Kommissionsspesen verlangt, als diese selbst bezahlt hat. Betrüblich ist der Umstand, dass die Schweizerische Bankiervereinigung die langjährige Überbelastung nun durch die neuen und teilweise völlig unbefriedigend formulierten «Verhaltensregeln für Effektenhändler» legalisiert hat. Es ist meines Erachtens an der Zeit, dass sich die Privatkunden der Schweizer Banken gegen gewisse Missstände im Tarifwesen wehren.

Glauben Sie jedoch nicht, dass dies der einzige Gebührenaspekt darstellt, welcher mit Makeln behaftet ist. Wenn Sie Ihre Bankauszüge durchgehen, werden Sie auch einmal oder zweimal im Jahr den Belastungsposten «Depotgebühren» vorfinden. Hier wenden die Banken genau dieselbe Taktik an: Den Depotgebühren der ausländischen Bankkorrespondenten, die Ihre deutschen, amerikanischen oder japanischen Wertschriften verwahren, wird eine stille, eigene Gewinnmarge aufgepfropft. Im Geschäftstarif der Schweizer Banken ist bezüglich der Depotgebühren auch meistens ein Postskriptum angefügt, welches besagt, dass die von den ausländischen Korrespondenten belasteten Verwahrungsgebühren zusätzlich in Rechnung gestellt würden. Man bestätigt schriftlich, dass im Ausland anfallende Depotgebühren weiterbelastet werden, doch im Zuge der Weiterbelastung an Sie werden die fraglichen Spesen quasi per ungeschriebenen Erlass mit einer eigenen Profitmarge versehen. Auch hier liegt eine Sachlage vor, die aus rechtlicher Sicht völlig unhaltbar ist. Und doch geht dieses Spiel seit einer Ewigkeit vor sich. Wehren Sie sich dagegen!

Nachdem Sie Ihre Belastung für «ausländische Depotgebühren» erhalten haben, sollten Sie Ihre Bank einmal anschreiben und diese darum bitten, Ihnen schriftlich zu bestätigen, dass das Institut Ihnen wirklich die effektiven Spesen im Ausland belastet hat. Bestehen Sie darauf, dass man Ihr Begehren schriftlich beantwortet. Man solle lediglich klipp und klar bestätigen, dass lediglich die im Ausland anfallenden Depotgebühren an Sie weitergegeben würden. Nichts mehr. Die Bank wird dies nicht tun können und sich hinter der Floskel der «landesüblichen Tarife» verschanzen. Sie sollten hier nicht aufgeben, sondern darauf beharren, dass Ihnen die Bank die wirklich im Ausland anfallenden Depotgebühren debitiert; im Einklang mit dem Gebührentarif, der da sagt, dass «die von Korrespondenten im Ausland erhobenen Depotgebühren an die Klientschaft weiterbelastet» werde. Falls man Ihrem Begehren nicht stattgibt, bestehen nur noch zwei Möglichkeiten: Entweder fügen Sie sich auch hier dem Missstand der Schröpfung, oder Sie wechseln die Bank. Ein anderes Institut wird vielleicht bereit sein, korrekt zu kalkulieren, falls dies die Voraussetzung darstellt, Sie als Kunden zu gewinnen.

Ein weiterer Stein des Anstosses sind zweifellos die in der Schweiz für Privatkunden zur Anwendung gebrachten Devisenkurse. Die frühere «Devisenkonvention», welche kartellistisch die zur Anwendung zu bringenden Devisenkurse für Private zweimal täglich festlegte, ist offiziell längst abgeschafft und als Preisabsprache gebrandmarkt worden. Das hinderte jedoch die Banken nicht, weiterhin Konventionskurse zur Anwendung zu bringen, indem man eine «kleine» und eine «grosse» Konvention einführte. Der kleinen Devisenkonvention unterliegen im allgemeinen Devisenabschlüsse bis 50 000 Franken, manchmal bis 100 000 Franken. Hier verdienen die Banken ein Vermögen. Kaufen Sie beispielsweise eine US-Aktie für einen Gegenwert von annähernd 100 000 Franken, so kommt ein Umrechnungskurs zur Anwendung, welcher gut und gern 1¼% Profitmarge enthält. Liegt also der Interbank-Verkaufskurs des Dollars gegen Schweizer Franken bei 1,45 Franken, so bezahlen Sie etwa 1,4790 Franken. Zwischen 100 000 Franken und 250 000 Franken Gegenwert liegt die Bankmarge meistens bei etwa ¾%. Ab etwa einer halben Million Franken kommt oft eine Gewinnspanne von mehr als einem viertel Prozent zur Anwendung.

Ein Fremdwährungsgeschäft über 250 000 Franken ist kein Kleingeldhandel, doch manche Bank erwirtschaftet sich auch heute noch eine Gewinnmarge von etwa 1700 Franken. Findet man dies ein bisschen happig, so rechtfertigt sich die Bank mit der allgemein zur Anwendung kommenden Konvention, obwohl es diese seit Jahren nicht mehr gibt! Die Devisen-Preisabsprache besteht weiter, es sei denn, Sie intervenieren und bestehen auf deutlich kleineren Bankmargen. Effektiv haben einige Schweizer Banken die Zeichen der Zeit erkannt und werden Ihnen entgegenkommen. Wesentlich für Sie ist lediglich zu wissen, dass man Ihnen weiterhin sogenannte «Devisen-Konventionskurse» in Rechnung stellt, obwohl es diese überhaupt nicht mehr gibt. Seit Jahren nicht. Devisenkurse können frei ausgehandelt werden, und de jure gilt freie Marktwirtschaft. De facto nicht, es sei denn, Sie klopfen auf den Tisch. Rufen Sie Ihre Bank doch mal an und bitten Sie um konkrete Auskunft (ich betone hier das Wort «konkret»), wie sich das denn eigentlich hinsichtlich Devisenkurse für Privatklienten verhalte. Sie möchten gern wissen, wie gross die Bankmarge sei bei einem angenommenen Devisenkauf oder -verkauf innerhalb einer Staffel von 70 000 Franken, 150 000 Franken, 250 000 Franken, 500 000 Franken, 1 Millionen Franken, über 1 Million Franken.

Ihr Berater wird sich winden. Ziemlich sicher wird er sagen: «Es kommt darauf an» – ein geflügelter Schweizer Ausdruck, der immer dann verwendet wird, wenn man sich um eine klare Stellungnahme drücken will oder – wie in der vorliegenden Angelegenheit – drücken muss. Lassen Sie sich nicht abwimmeln. Erwidern Sie forsch, dass die Bank Ihnen schon dutzendmal Rechnungen für Devisentransaktionen gestellt hätte und folglich auch eine Tarifordnung bestehen müsse. Fragen Sie nach, wieviel die Marge auf den zitierten Beträgen ausmache. Kommen Sie Ihrem Berater entgegen: Man könne die Auskunft auch schriftlich übermitteln. Vielleicht betrachtet Ihr Gesprächspartner dieses Angebot keineswegs als Entgegenkommen. Vielleicht möchte er sich davor hüten, die Usanz der Wechselkursfestlegung für Privatkunden auf Bankpapier zu verewigen.

Die Wahrheit ist nämlich, dass es gar keine bindenden Vorgaben gibt hinsichtlich Devisenkurse für Privatklienten. Ihr Bankier wird Ihnen wahrscheinlich frisch-fröhlich sagen, dass Ihre Wechselkurse für den Handel unter einer Million Franken «allgemeinüblich» aufgrund der Schweizer Devisenkonvention festgelegt würden und dass überhaupt alle Schweizer Bankinstitute die Wechselkurse nach diesem Prinzip festlegten. Als ob dieses Vorgehen eine Garantie der Rechtmässigkeit sei. Langer Worte kurzer Sinn: Ihre Bank wird sich schwertun, die übermässig hohen Margen auf Ihren Devisenkursen zu erklären und zu rechtfertigen. Seit offizieller Abschaffung der Schweizer Devisenkonvention sind diese frei aushandelbar. Machen Sie Ihrer Bank klar, dass Sie nicht gewillt sind, willkürlich festgelegte Konventionsmargen zu bezahlen. Deregulierung sei Deregulierung, und das Kartell der Devisenkurse sei nun einmal gefallen. Es ist ausserordentlich schwierig, hier einen allgemeingültigen Ratschlag hinsichtlich vertretbarer Margen auf Devisengeschäfte zu erteilen, zumal eine entsprechende Vereinbarung mit Ihrer Bank massgeblich von dem durch Sie getätigten Volumen abhängt. Sollten Sie den vorliegenden Aspekt jedoch noch nie zur Sprache gebracht haben, so garantiere ich Ihnen, dass Sie zur Zeit happig zur Kasse gebeten werden.

Mein genereller Ratschlag lautet dahingehend, dass Sie für alle Bankspesen eine Rechnung der Verhältnismässigkeit anstellen. Ein Wertschriftendepot über 40 000 Franken stellt für eine Bank kein profitables Geschäft dar. Kleinkunden sind nicht in der Lage, gross aufzutrumpfen und gebührenmässig eigene Bedingungen zu stellen. Leider fallen heute Depots bis 500 000 Franken unter die Kategorie der Kleindepots, bei denen eine Bank wahrscheinlich kein grosses Entgegenkommen zeigt. Bei deutlich grösseren Beziehungen weiss die Bank jedoch sehr gut Bescheid über die Rentabilität derselben, und eine Intervention mit dem Zaunpfahl wird sich als lohnenswert erweisen. Die heute durch Schweizer Banken belasteten Börsenkommissionen sind oft ganz einfach unverhältnismässig hoch in bezug auf die erbrachte Leistung. Wenn Sie heute in den USA durch Ihre Schweizer Bank für 50 000 Franken Aktien erwerben, kostet Sie das eine Gesamtkommission von annähernd 1000 Franken. Plazieren Sie an der gleichen Börse einen Auftrag für 250 000 Franken, belastet Ihnen die Bank einen Betrag in der Grössenordnung von etwa 3250 Franken an Gesamtkommission, wobei der Löwenanteil dieser Gebühr an Ihre Bank in der Schweiz fällt und nicht etwa an den ausländischen Broker. In New York (und anderswo) ist nämlich tüchtig dereguliert worden, und die Börsenkommissionen betragen einen Bruchteil jener der Schweiz.

Und doch verdienen Morgan Stanley, Goldman Sachs und wie die New Yorker Häuser alle heissen einen Haufen Geld. Über 3000 Franken Gebühr für einen im heutigen Umfeld gar nicht so unüblichen Börsenauftrag ist nicht nur viel, es ist viel zuviel, es ist grotesk viel. Falls Sie ein wichtiges Wertschriftenportfolio unterhalten, sollten Sie die für Sie gültige Gebührenordnung individuell aushandeln. Prozentuale Kommissionsansätze für Börsentransaktionen sind ganz einfach absurd und stehen nicht im Verhältnis zum Aufwand. Ein Kauf von 100 IBM-Aktien verursacht genau die gleiche Arbeit wie jener über 1000 IBM-Aktien, doch die entsprechenden Börsen-Courtagen klaffen meilenweit auseinander. Versuchen Sie, pauschale Beträge pro Transaktion auszuhandeln, die dann unabhängig davon Anwendung finden, ob Sie für 30000 oder 300000 Franken handeln.

Als unabhängiger Vermögensverwalter habe ich schon viele Banken auf den unhaltbaren Zustand der schweizerischen Gebührenordnung und ganz spezifisch auf den verwerflichen Aspekt der Überbelastung ausländischer Spesen angesprochen. Hinter vorgehaltener Hand wird mir derweilen anvertraut, dass man eben die heutige, profitable Gebührenordnung solange wie möglich aufrechterhalten wolle. Offiziell wird den selbständigen Vermögensverwaltern jedoch entgegnet, die bestehende Tarifordnung (oder -unordnung) sei auch im Interesse der unabhängigen Vermögensverwalter, zumal diese von den Banken Retrozessionen (d. h. einen Teil der durch die Banken eingenommenen Kommissionen) erhielten. Etwas nötigend, finde ich. Es ist kein Geheimnis, dass unabhängige Vermögensverwalter im allgemeinen solche Retrozessionen im Sinne einer Einführungskommission erhalten. Das ist auch legitim, denn die Klienten wurden der Bank in solchen Fällen gratis und franko zugeführt. Das Bankinstitut muss keine Vermögensverwalter einstellen und hat weder Betreuungsaufwand noch Reise- oder Akquisitionsspesen.

Es bedarf deshalb keiner Rechtfertigung seitens der Vermögensverwalter, dass die Bank einen Teil ihres Einkommens abtritt. Es wäre für Vermögensverwalter mit professioneller Infrastruktur nicht möglich, lediglich auf der Basis einer Verwaltungsgebühr von einem halben Prozent pro Jahr zu arbeiten, und es ist wiederum ein offenes Geheimnis, dass kleinere Institute der Vermögensverwaltung auf die Retrozessionen der Banken angewiesen sind. Dies ist ein Interessenkonflikt, welcher nicht unbedingt zum Vorteil der Kunden besteht, da die Umsatzträchtigkeit grössere Retrozessionen abwirft. Es ist an der Zeit, dass im Zuge einer Deregulierung die Bankkommissionen (vor allem betreffend Börsentransaktionen und Devisenhandel) in Einklang mit dem Aufwand gebracht werden und – Sie haben richtig vermutet – billiger werden. Gleichzeitig müssten die Gebühren der Vermögensverwaltung nach oben angepasst werden. Private Vermögensverwaltung kostet im Ausland pro Jahr meistens über ein Prozent der verwalteten Aktiven. Sehr viele Schweizer Vermögensverwalter wären nicht in der Lage, ohne Retrozessionen der Bank zu leben, denn eine Verwaltungsgebühr von ½% ist für sehr viele Klientenbeziehungen zuwenig, um rentabel zu sein. Nehmen Sie ein Wertschriftenkonto von einer Million Franken an: Auf der Basis von ½% Verwaltungsgebühr verdient der Vermögensverwalter 5000 Franken brutto. Fünfzig derartige Beziehungen bringen vor Spesen und Löhnen 250000 Franken ein. Das ist für einen professionell geführten Betrieb unzureichend. Solche Firmen sind abhängig von den Retrozessionen der Banken, und leider scheint es vorzukommen, dass dadurch der Börsenumsatz forciert wird. Eine Deregulierung der Bankkommissionen wird dem Abhilfe schaffen, denn sobald hierzulande die Banken gezwungen sein werden, ihre Ansätze bedeutend zu senken, werden Retrozessionen Seltenheitswert haben. Die Verwaltungsgebühren werden dann erhöht werden müssen, und als Klient werden Sie mehr für das Know-how (Verwaltung und Beziehung zu Ihnen) und viel weniger für die Abwicklung bezahlen. Summa summarum wird Sie die gesamte Vermögensverwaltung dann wahrscheinlich weniger kosten als heute.

Viele Banken geben vor, dass sie einen Teil der eigenen Kommissionseinkünfte an die Vermögensverwalter zurückerstatten müssten. In Tat und Wahrheit werden diese Retrozessionen jedoch zu einem beträchtlichen Teil durch überhöhte, deren Klienten in Rechnung gestellte ausländische Kommissionen finanziert. Um das auf Seite 92 aufgeführte Beispiel zu zitieren: Die «überhöht in Rechnung gestellte ausländische Kommission» finanziert de facto den Grossteil der Retrozessionen, welche die Banken an die unabhängigen Vermögensverwalter entrichten. Der Rat der Banken an den Stand der privaten Vermögensverwalter, das heutige Kommissionswesen nicht an den Pranger zu stellen, steht auf tönernen Füssen. Es ist naheliegend, dass das Bankeneinkommen auf extern verwalteten Vermögen tiefer ist als auf selbst akquirierten und verwalteten Kundendepots. Falls ein unabhängiger Vermögensverwalter Ihr Wertschriftendepot betreut, ist der Kostenaufwand Ihrer Bank minim im Verhältnis zur selbst aktiv betreuten Kundschaft. Erwidert Ihnen Ihre Bank also, dass sie nicht auf Ihr Begehren tieferer Börsenkommissionen eingehen könne, da Retrozessionen an Ihren Vermögensverwalter bezahlt würden, so setzen Sie Ihre nun gemachten Kenntnisse hinsichtlich weit überhöhter, ausländischer Kommissionen ein.

Machen Sie Ihrem Gegenüber klar, wie eigenartig Sie es finden, dass die beklagten Rückvergütungen de facto durch Sie bezahlt würden und nicht durch die Bank. Steter Tropfen höhlt den Stein. Irgendwann wird auch die schweizerische Gebührenordnung dereguliert werden müssen. Das wird zur Folge haben, dass der Routineaufwand der Bankabwicklung bedeutend weniger kostet als heute. Es macht doch überhaupt keinen Sinn, dass die Abwicklung der Portfolioverwaltung mehr kostet als die kreative, aktive Vermögensverwaltung, welche immerhin für den Vermögensfortschritt der Wertschriftenanlagen allein verantwortlich ist. In den USA oder in England betragen die Kosten der Abwicklung einen Bruchteil der Vermögensverwaltungsgebühren, und es besteht für den Anleger vor allem Klarheit darüber, wer wieviel verdient. In Amerika würde es niemand für möglich halten, dass die Bankkommission für einen Wertschriftenkauf über 200 000 Franken gut und gern 2500 Franken – oder durchaus auch mehr – kostet. Das ist ganz einfach absurd, wenn man bedenkt, dass ein Vermögensverwalter eine Million Franken während eines ganzen Jahres für etwa 5000 Franken Gebühr verwaltet und Sie als Klient betreut.

Der «Big Bang» der Schweizer Bankgebühren steht vor der Tür. Und falls Sie es jetzt schon schaffen, dass Ihnen in Zukunft die Börsenabrechnungen detailliert präsentiert werden, sparen Sie jährlich einen erklecklichen Betrag – jedenfalls mehr, als Sie dieses Buch gekostet hat...

Von Reagan lernen...

Ronald Reagan war den meisten Menschen sympathisch. Ich mochte ihn vor allem deshalb, weil er sich selbst – ganz im Gegenteil zu allen andern Staatsmännern – oft nicht ernst nahm und deshalb seine Thesen gern in der Form amüsanter Anekdoten zum besten gab. Derartige knappe Erzählungen sind oft aussagekräftiger als tiefschürfende, nimmer endende Sacherklärungen. «Weniger ist mehr» sozusagen. Ich möchte Ihnen deshalb einige Anekdoten aus meinem Berufsleben erzählen, welche zum Teil amüsant, zum Teil widersinnig sind. Alle haben jedoch eines gemeinsam: Sie sind hinsichtlich Anlageverhalten lehrreich.

1970 begann ich meine praktische Ausbildung in der Vermögensverwaltung bei einer Zürcher Privatbank. Um mein Wissen sowie den richtigen Umgang mit Klienten zu fördern, durfte ich ab und zu dabeisein, wenn der Generaldirektor der Bank seine Kunden beriet. Ich erinnere mich ganz besonders an eine derartige Besprechung, als dieser einen deutschen Geschäftsmann empfing. Man begrüsste sich, wechselte ein paar private Worte und ging zur Geschäftsordnung über. Es schien, dass der Klient vor allem die Aussichten der Wechselkurse besprechen wollte, und so fragte er gleich: «Sagen Sie, Herr Direktor, was halten Sie eigentlich vom Dollar?» Gespannt wartete ich auf die Antwort meines obersten Chefs, denn ich hatte keine Ahnung davon, was man vom Dollar halten sollte. «Nun», antwortete er, «das ist eine sehr interessante Frage. Was halten denn Sie vom Dollar?»

Den Klienten schien es keineswegs zu stören, dass man ihm den Frageball zurückwarf, und gab umgehend zum besten, was er von der amerikanischen Währung hielt: nichts Gutes; im Dollar stecke der Wurm, und er würde sich vor Anlagen in dieser Währung hüten. Kurzes Schweigen. Mein Chef räusperte sich und sagte, leicht lächelnd: «Genauso denken auch wir! Bei uns ist man sehr vorsichtig hinsichtlich des Dollars.» Ich hoffte, dass nun die Ausführung, die Begründung kommen würde, doch der Generaldirektor beschränkte sich auf die «Papagei-Analyse». Die Bank dachte genauso wie der Klient, und siehe da, man kam sehr schnell überein, wie man das Konto zur Anlage bringen sollte. Ziemlich alles kam in Frage, nur keine Dollars. Der Klient war überzeugt, dass er in den Händen einer Bank mit grosser Voraussicht sei. Er würde uns weiterempfehlen, sagte er beim Abschied. Währungsexperten seien selten zu finden.

Die Ironie des Ganzen war, dass sich die vom Klienten «gestohlene» Anlagepolitik später als goldrichtig erwies. Es hätte sehr gut auch anders kommen können, denn die Bank verbannte den Dollar nicht aus objektiven Überlegungen, aus dem Anlagespektrum, sondern aus rein opportunistischen Gründen. Dem Klienten zuliebe. Nehmen Sie sich deshalb die vorgehend gemachten Empfehlungen zu Herzen und verzichten Sie darauf, lautstark irgendwelche Anlageprognosen zu machen. Das Glück meines Ex-Chefs wiederholt sich selten.

Im Jahre 1994 erhielt ich ein neues Anlagemandat eines englischen Klienten. Wir besprachen im Detail das Risikoprofil, und nach eingehender Erörterung der Anlageziele einigten wir uns darauf, das Portfolio ausschliesslich in Aktien anzulegen. Anlässlich der zweiten Besprechung präsentierte ich die Liste derjenigen Gesellschaften, in welchen ich die ersten Investitionen vornehmen wollte. Der Kunde liess sich gern über die Hintergründe informieren, und ich hatte freie Hand, sämtliche Mittel im Sinne der vereinbarten Politik zu investieren. Es war dies eines meiner Lieblingsmandate, da sich der neue Klient mit meiner Philosophie des «unternehmerischen Investierens» klar identifizieren konnte. Nach sechs Monaten suchte mich mein neuer Kunde zu einer erneuten Besprechung auf. Das Timing war «schwierig», denn rund die Hälfte der Gelder war investiert, und die Bewertungskurse standen ausnahmslos unter den Kosten. Kein schöner Anfang. Gut vorbereitet auf das Gespräch, eröffnete ich meinem Klienten den Stand der Dinge. Ich war auf steigenden Blutdruck vorbereitet. Der Engländer lächelte jedoch, eigentlich strahlte er fast, und sagte fast begeistert: «Ausgezeichnet, dass die Kurse gefallen sind! Jetzt können wir für das gleiche Geld mehr Aktien unserer Unternehmen kaufen!» Dieses Vorkommnis hat für mich goldenen Erinnerungswert. Ich kann hier nur Seite 29 dieses Buches in Erinnerung rufen, wo es heisst: «Vergessen Sie die Börse! Denken Sie als Unternehmer!»

Die folgende, von mir gemachte Erfahrung mit einem Klienten spiegelt wider, wie kontraproduktiv ein anlagebozogener Egotrip sein kann: Für eine meiner asiatischen Kundenfamilien muss ich geographisch segregierte Portfolios führen, um ihr dadurch zu ermöglichen, die erwirtschaftete Performance – und somit meinen Anlageerfolg – einem direkt vergleichbaren Index (Bench-mark) gegenüberzustellen. Die US-Anlagen bilden ein Konto und werden mit dem Standard-&-Poors-Index verglichen, die europäischen Investitionen stellen eine weitere Einheit dar und werden an der Entwicklung des Eurotrack-Index gemessen etc. Im Februar 1997 wurde vereinbart, dass ein neues Anlagedepot für aufstrebende Märkte (Emerging Markets) zu etablieren sei, dessen Erfolg am Morgan-Stanley-Emerging-Market-Index gemessen werde. Ich entschied, den Grossteil der Anlagemittel in Osteuropa, Russland, den baltischen Staaten, in Südamerika und in ausgewählten arabischen und afrikanischen Staaten zu investieren, indem ich für all diese Märkte Spezialisten auswählte, in deren Fonds ich das fragliche «Emerging-Market-Depot» über 1,5 Millionen $ anlegte. Ich beschränkte mich somit auf die massgebliche Entscheidung, in welchem geographischen Raum zum fraglichen Zeitpunkt am aussichtsreichsten investiert werden konnte. Die Selektion der Märkte stellte sich als recht gut heraus. Vor allem die osteuropäischen Anlagen brachten schnell grosse Gewinne. Im Oktober 1997 kollabierten die Märkte Asiens, und im Zuge eines Dominoeffektes erlitten alle aufstrebenden Märkte einen markanten Rückschlag. Als mich mein Klient im November ebendieses Jahres um eine Besprechung seiner Portfolios bat, war ich zuversichtlich, dass er zufrieden sein würde mit meiner Verwaltung seiner Anlagen in aufstrebenden Märkten. Wir hatten 10,2% Wertsteigerung erzielt, während der Vergleichsindex, der Morgan-Stanley-Emerging-Market-Index, im gleichen Zeitraum um 24,4% gefallen war. Aufgrund der Selektion von Spezialistenfonds in sehr spezifischen Märkten und des Ausschlusses irgendwelcher asiatischer Investitionen konnte ich also den «Bench-mark» (Vergleichsindex) um nicht weniger als 35,6% schlagen. Darauf war ich stolz. Ich hatte die Rechnung jedoch ohne das Egobewusstsein meines Klienten gemacht!

Nach eingehendem Studium der Anlageposten stellte mein Mandant nämlich fest, dass sämtliche Mittel in Fonds angelegt worden waren. Scheinbar unbeteiligt erkundigte er sich über die Verwaltungsspesen derselben. Ich erklärte, dass diese Gebühren im Einklang mit der üblichen Usanz aus einer festen Gebühr von etwa 1½% pro Jahr zuzüglich 20% Gewinnbeteiligung zugunsten der Fondsverwaltung bestünden. Da kam die Tirade: Er, der Klient, hätte Verständnis, dass ein Kleinanleger, der vielleicht 50000 $ investieren könne, seine Anlagemittel in Fonds investieren müsse. Er jedoch, als Grossanleger, gebe nie und nimmer sein Einverständnis, dass man seine Gelder in irgendwelchen Fonds anlege und ihn spesenmässig abzocke. Ich entgegnete darauf, dass es für ein Anlagedepot von 1,5 Millionen $ nicht nur unverhältnismässig wäre, in Litauen, Ghana oder der Ukraine einzelne Aktienposten zu erstehen, sondern dass ausserdem von keinem einzelnen Vermögensverwalter erwartet werden könne, dass dieser von Hammerfest bis Feuerland ein Intimus sei. Was zähle, sei doch nur das Resultat. Und das könne sich sehen lassen.

Weit gefehlt! Den Klienten beeindruckte die sehr vorteilhafte Gegenüberstellung der Performance mit dem Vergleichsindex überhaupt nicht. Er war fast in Rage, dass er, ein bekannter und begüterter Geschäftsmann, scheinbar in den Anlagetopf mit Kleinanlegern geworfen wurde. Das gute Anlageresultat interessierte ihn keinen Deut, und als Entscheidungsträger der Fonds-Investments erhielt ich nicht die geringsten Lorbeeren dafür, dass der Vergleichsindex meilenweit geschlagen wurde. Der Klient ging sogar weiter: Er gab die Weisung, das Emerging-Market-Portfolio – wider den Verstand, doch zugunsten des Egos – umgehend zu liquidieren. Voilà! Nun waren die Gebühren der Fonds wegradiert.

Die nachfolgende Episode fällt unter das Kapitel der Vorurteile. Ich weiss sehr gut, dass man keine Lieblingsaktien haben sollte, denn Liebe ist eine gefährliche Sache. Das wissen wir alle. Gleichwohl ist für mich der französische Kosmetikkonzern L'Oréal seit geraumer Zeit nahe dieses Begriffes angesiedelt. Vor einigen Jahren suchte mich ein Klient auf, der seine Anlagen im allgemeinen höchstens alle zwölf bis achtzehn Monate besprechen wollte. Eine sehr empfehlenswerte Einstellung, die sich immer lohnen wird. Mein Besucher entdeckte einige Anlagen, die anscheinend neu im Portfolio figurierten. Seine Aufmerksamkeit richtete sich sofort auf den Aktienposten L'Oréal. Seine Miene verfinsterte sich, und er erklärte angewidert: «Ich hasse Frauen, die Make-up tragen. Es kann keinen Sinn machen, in einer Gesellschaft zu investieren, mit deren Produkten sich schöne Frauen hässlich machen. Ich schlage vor (es war, glaube ich, eher ein Befehl), dass wir hier verkaufen sollten, um das Geld viel aussichtsreicher in einer Mineralwasserfirma in Vermont zu investieren!» Der Super-Blue-Chip L'Oréal wurde aus völlig subjektiven Gründen veräussert, und gekauft wurde ein Mineralwasserabfüller im grünen Vermont namens «Vermont Pure». Leider ist es ein schlechter Witz, dass sich die L'Oréal-Aktie in den nachfolgenden zwei Jahren verdoppelte und sich die scheinbar appetitliche «Vermont-Pure»-Mineralwasser-Aktie halbierte. Das ist die ungeschminkte Wahrheit!

Seit zwanzig Jahren berate ich eine Dame in England, die sich wenig bis gar nicht um das tägliche Börsengeschehen kümmert. Sie investiert als Unternehmerin. Eigentlich ist «Dame» der falsche Begriff für diese Klientin, denn sie verbringt den Grossteil ihrer Zeit mit Fischen. In Moldawien, Südpatagonien oder der Mongolei kennt man die «Financial Times» oder die «Finanz und Wirtschaft» (noch) nicht – und das ist ganz im Sinne dieser Frau. Wenn die Fischereisaison ab und zu ruht (und das scheint fast nie der Fall zu sein), haben wir Gelegenheit, das Unternehmen meiner Klientin, gemeint ist das Aktienportfolio, in Ruhe zu besprechen. Selten taucht eine Neuanlage im Depot auf, denn wir sitzen seit Jahren auf den gleichen Beteiligungen, wie Royal Dutch, Roche, Münchner Rück oder ähnlichen Branchenführern, und so dauern unsere Lagebeurteilungen selten länger als eine halbe Stunde. Meine Kundin weiss, dass ich oft und gern nach Schwarzafrika reise, und so traf Sie kürzlich den Nagel auf den Kopf, als sie sagte: «Marcel, besuchen Sie so oft wie möglich Ihre Elefanten in Botswana, und ich meinerseits verschwinde mit meinen Angelruten. So kommen wir nicht in Versuchung, an einem Erfolgsrezept rumzubasteln.» Es war dies nicht als Scherz gemeint. Im Gegenteil. Es war pure Überzeugung, die wahrscheinlich den Kern der Wahrheit trifft. Weniger ist oft mehr. Meistens sogar.

Die nachfolgende «Lehre» (oder sollte es vielmehr heissen «Leere»?) ist an die Adresse derjenigen Leser gerichtet, die sich dem Trading, dem ständigen Hin- und Herturnen zwischen neuen Anlageideen widmen. Sie sind die Lieblingskunden der Banken, denn sie generieren Unmengen an Kommissionen. Mein erster Chef des Bankinstitutes, bei welchem ich die Sporen abverdiente, nahm mich mal zur Seite und eröffnete mir vielsagend: «Ich erkläre Ihnen mal, wie eine Privatbank funktioniert. Stellen Sie sich einen Trichter vor, bestrichen mit Bienenwachs. Oben fliesst das Geld rein, und unten kommt es raus. Einfach. Aber es bleibt immer etwas für uns im Trichter hängen. So funktioniert eine Privatbank. Und nun gehen Sie zurück an Ihre Arbeit, junger Mann!» Denken Sie also an diesen Trichter! Bei jeder Veränderung Ihrer Anlagen bleibt für andere etwas hängen. Mein geliebtes Bonmot «Hin und her macht Taschen leer», welches selbst in der Broschüre meiner Firma auftaucht, ist unfehlbar.

Selbstfindung? Nein, danke!

Selbstfindung – ich hasse dieses Wort. Es scheint nur in den Wortschatz jener zu gehören, die sich und der Welt fremd sind und sich selbst wie auch die Realität nicht zu akzeptieren bereit sind. Ironischerweise hat dieses Buch jedoch trotz meiner Aversion zu diesem Begriff mit einer Art der Selbsterkenntnis zu tun. Nach jahrelanger Erfahrung im Umgang mit Menschen und Geld bin ich zur Überzeugung gelangt, dass im Vermögensverwaltungsgeschäft unbefriedigende langzeitliche Ergebnisse sehr oft die Folge von falscher Selbsterkenntnis und fehlender Zielsetzung sind. Es kommt nicht von ungefähr, dass das erste Kapitel dieses Buches die psychologischen Aspekte der Vermögensverwaltung behandelt und Kardinalthemen wie Vorurteile, Ethik, unser Ego und anderes mehr enthält. Es ist ebenfalls nicht aus der Luft gegriffen, dass der vermögensbezogenen Zielsetzung sehr viel Raum gewidmet wird, denn es gibt keine allgemein, für jedermann anwendbare «gute» Vermögensverwaltung.

Gut ist nur, was mit der Zielsetzung vereinbar ist. Sie mögen eine Vorstellung haben, wie Ihr Traumhaus aussehen sollte, doch es genügt nicht, lediglich einen berühmten Architekten zu engagieren, um Ihr Wohnziel zu erreichen. Sie brauchen einen Architekten, der Sie zwingt, Ihre Träume konkret zu formulieren, und der sich die Mühe nimmt, sich mit Ihren Zielsetzungen zu identifizieren. Genauso verhält es sich mit Ihrer Beziehung zu Ihrem Vermögensverwalter. Ihr Vertrauter in diesem Gebiet muss nicht nur über fundierte Kenntnisse der Finanzwelt verfügen, sondern auch über die «Antenne», um sich in Sie einfühlen, um Sie quasi finden zu können. Der Zweck dieses Buches besteht einerseits darin, Verhaltensfehler in der Geldverwaltung zu veranschaulichen und zu deren Vermeidung beizutragen. Im weiteren war es mir ein Bedürfnis, die Vermögensverwaltung aus der Sicht Ihres Vertrauten zu beleuchten und zu illustrieren, dass die Psychologie und das Verhalten oft eine viel grössere Rolle spielen, als dies gemeinhin angenommen wird. In meinen Ausführungen kommt immer wieder das Thema «Vertrauen» zur Sprache. Wie ein roter Faden spinnt sich dieser Begriff durch diesen kurzen Ratgeber. Wenn ich abschliessend ein einziges Wort bestimmten müsste, welches in meinem Tätigkeitsgebiet im Umgang mit Klienten und Geld von überragender Tragweite ist, dann wäre es ebendieser so vielbedeutende Terminus «Vertrauen». Lesen Sie nochmals das Unterkapitel «Der innere Frieden», «Peace of mind». Dieser Zustand ist der Garant dafür, dass Sie zu Ihrem Berater ein Vertrauensverhältnis erster Güte gefunden haben.

«Peace of mind» kann man nicht lernen. Er ergibt sich aus idealen Beziehungsverhältnissen. Vielleicht werden Sie nun denken, dass es wohl einfach ist, diese These in den Raum zu stellen, doch dass diese Bezugsperson vorerst gefunden werden muss. «It takes two to tango.» Sie fragen sich, wie Sie denn überhaupt einen Vermögensverwalter finden, der all die komplexen Erfordernisse eines Vertrauensverhältnisses erfüllt. Nun, die konkrete Lösung zu dieser Frage kann ich Ihnen leider nicht geben. Es gibt nie eine allgemeingültige Antwort, wer Ihnen die für Sie geeignetste Dienstleistung eines bestimmten Fachgebietes erbringt. Ihr Arzt mag Ihr Vertrauen geniessen, obwohl er über einen limitierten Fachausweis verfügt, oder Ihre Flugstunden mit dem ausgewiesensten Fluglehrer sind ein Alptraum, weil der Pilot Ihnen nicht sympathisch ist. Vertrauensverhältnisse sind nicht immer eine Sache der Logik, doch sie sind immer die Basis der Zufriedenheit, des inneren Friedens eben.